DER BUDDENBURG-MORD

Drama auf Schloss Buddenburg im Jahre 1908

SABINE GRIMM

Sabine Grimm

Herstellung und Verlag:
BoD- Books on Demand, Norderstedt

ISBN 9783752829815
Überarbeitete Neuauflage 2018
Auflagennummer:
(Erstauflage 2009- ISBN 9783839142097)

Illustrationen s/w und in Farbe

DER BUDDENBURG-MORD

IN LIPPHOLTHAUSEN

„Schlaf oder Tod,

hell strahlt das Morgenrot“.

Karl Lappe

Dinge, die wir mit unseren Händen erschaffen,
mögen viel bedeuten.
Eingestürzte Häuser können wir wieder
neu aufbauen.
Der Charakter einer Landschaft mit ihrem Atem,
ihrem eigenen Duft und Zauber,
entzieht sich am Ende dem vernichtenden Zugriff
der Menschenhand.

Das Bild der Erinnerung, das jeder
in seinem Herzen trägt,
ist unverletzlich und unzerstörbar.
Wir wissen, dass alles im Fluss ist
und dass nichts endgültig bleibt,
was der Mensch mit Sinn und Hand
geschaffen hat.

Gern dürfen wir mit gutem Gewissen
bekennen,
dass wir das Verlorene weiterlieben
und es im Geiste mit uns tragen.

Vision

Für einen Moment...

Es liegt ein Glanz aus fernen Zeiten,
wo Winde über Hecken flieh`n,
die Wasser mit der Lippe zieh`n.
Fort bist du,
wirst nicht wiederkehren.
Vergessen aber bist du nicht.

Foto aus dem Jahre 2009 – Foto S. G.

Heute...

Zur Erinnerung an das abgebrochene historische Gebäude wurden die Umrisse des ehemaligen Schlosses Buddenburg und seiner zwei Pavillons mit weiß blühenden Ligusterhecken bepflanzt. Sie lassen die frühere Imposanz und den Standort des hochherrschaftlichen Herrenhauses heute nur noch erahnen.

Foto aus dem Jahre 2018 – Foto S. G.

Es gibt Orte, die
besucht man nicht,

um Neues
zu finden, sondern

um Altes
zu suchen.

WAS AUF SCHLOSS BUDDENBURG GESCHAH

Schloss Buddenburg, von Süden um 1900 – Foto: Philipp Eckardt

Vorwort

Im Jahr 1760 schrieb Johann Dietrich von Steinen
über die Buddenburg:

Das Schloss Buddenburg ist ein schöner und
einträglicher Rittersitz an der Lippe,
eine halbe Stunde von Lünen westwärts gelegen und hat
schöne Weiden, Fischereien,
Jagden und Mühlen...

Man konnte die Jagdhunde in den weiten Parkanlagen, und Fischerkähne auf der Lippe beobachten. In den Torhäusern zur Buddenburg wohnten die Angestellten der Dienstherren mit ihren Familien. Die Herrschaften besaßen einen eigenen Friedhof unter hohen Buchen in Lippholthausen.

Über die Jahrhunderte gingen viele Menschen in dem Residenzschloss ein und aus. Darunter waren Rentmeister, Verwalter, herrschaftliche Kutscher, Leibdiener, Förster, Fischer, Gärtner, Gouvernanten, Ärzte, Wächter, Fuselbrenner, Hausdamen, Zimmermädchen, Putzfrauen und landwirtschaftliche Mägde, die die prächtige Freitreppe emporschritten. Ortsansässige Handwerksmeister rückten für Bauarbeiten und Reparaturen an, um das hochherrschaftliche Haus noch schöner zu gestalten. Bauern kamen zum Baron und Freiherrn, um ihre Anliegen vorzutragen.

In diesem epochalen Schloss vollzog sich einst eine Tragödie, die als Buddenburg-Mord in die Geschichte einging und die nicht nur die Stadt Lünen und Umgebung, sondern auch weit darüber hinaus die damaligen Offizierskreise und den Adel erschütterte.

Das Geschehen stellte ein Adelsdrama von Temperament und Stil dar, um dessen Ursachen auch heute noch die Rätsel nicht gelöst sind. Die Tat entflammte in Berlin und fand ihr Ende unter den hohen Baumkronen des Buddenburger Schlossparks.

Die Zeiten haben sich geändert. Die Industrie hat dem Adel seine Machtposition streitig gemacht und sie in Gemeinde-, Staats- und Industrieeigentum verwandelt. Mit der veränderten Zeit wurde eine völlig andere Welt geboren. Das Schloss steht heute längst nicht mehr, doch die Tragödie der damals Umgekommenen auf Schloss Buddenburg wird uns als tragisches Ehedrama im Gedächtnis bleiben.

Dieses Buch möchte das verschwundene Schloss mit seiner Geschichte und seinen Vätern in Erinnerung bringen. Kenntnis von Vergangenem ist vergesellschaftet mit der Fähigkeit zur Erinnerung. Auch ein Rückblick in die Zeit unserer Vorfahren, in die Vergangenheit Westfalens, wird hier gewährt. Ein weiter Bogen, der sein Ende sucht, spannt sich durch unruhige Zeiten der Jahrhunderte. „Der Buddenburg-Mord“ ist Band 2 der Bücherreihe *Unruhige Zeiten.*

Vorübergegangene Zeit ist ein Stück Weltgeschichte, aus der unsere Zeit erwachsen ist. Auch die Gegenwart ist ein Stück Geschichte. So wie ein Wanderer ab und zu auf den Weg, der hinter ihm liegt, zurückschaut, um sich zu vergewissern, dass er seine gewünschte Richtung beibehalten hat, so kann auch dieser Rückblick ein Wegweiser in die Zukunft sein. Daher wird blind für die Gegenwart, wer vor der Vergangenheit die Augen verschließt.

Schon Friedrich Wilhelm Weber sagte einmal:

„Und da sich die neuen Tage

aus dem Schutt der alten bauen,

kann ein ungetrübtes Auge

rückwärtsblickend

vorwärtsschauen."

Sabine Grimm

Alle Burgen und Schlösser
auf der Welt,
die gewesenen und die bestehenden,
sind Zeugen von Ereignissen.

Sie würden uns
unzählige Geschichten
erzählen,
wenn sie es könnten...

Einige dieser Begebenheiten
geschahen auf
Schloss Buddenburg.

Beweggründe

Obwohl die Katastrophe über hundert Jahre her ist, ranken sich noch immer zahlreiche Mythen um die Hintergründe der Geschichte einer tödlichen Liebe. Aufgeklärt wurden die Ursachen und Hintergründe der schrecklichen Bluttat nie ganz vollständig.

Meine Beweggründe, die folgende Geschichte in diesem Buch niederzuschreiben, sind - auch wenn ich in der damaligen Zeit nicht persönlich zugegen war - die vergangenen Geschehnisse dennoch festzuhalten und auch die Nachwelt daran zu erinnern, wie leicht Liebe durch Gleichgültigkeit, Unkenntnis oder Nichtverstehen getötet werden kann. Bei der Schilderung habe ich mich an die dokumentierten Überlieferungen der früheren Zeugenaussagen gehalten. Wenn man Geschehenes, wie die Tragödie von Schloss Buddenburg auf immer verschweigen und der Nachwelt vorenthalten würde, könnte keine *Geschichte* geschrieben werden, um evtl. daraus zu lernen.

Neun Jahre nach Erscheinen der Erstausgabe habe ich diesen Titel durch hinzugewonnene dokumentierte Überlieferungen erweitert, um mit diesen neuen Erkenntnissen die Historiendarstellung schließlich zu ergänzen. Der Vollständigkeit halber habe ich mich dazu entschieden, diesen Ausführungen, die dazu noch manches neue Moment enthalten, Raum zu geben.

Sabine Grimm

Der Mord
auf
Schloss Buddenburg

Das Palais

Schloss Buddenburg in Lippholthausen war zeitlos. Freiherr August von Frydag hatte den prachtvollen Typ des Schlosses auf einer Reise in Frankreich entdeckt und sich in seine Schönheit, gepaart mit Zweckmäßigkeit, verliebt. Da ihm seine in die Jahre gekommene Burg schon länger nicht mehr so recht gefiel, kam es von 1844 bis 1845 zum radikalen Schlossneubau und das erhabene Herrenhaus erstrahlte in neuem Glanz.

Schloss Buddenburg um 1900 – Foto: P. Bartel, Langendreer

August von Frydag war ein scharfer Rechner und nicht nur blitzgescheit, sondern auch ein überaus geschäftstüchtiger Mann. Damals hatte es nicht den Anschein, dass das Geschlecht derer von Frydag zu Buddenburg erlöschen könnte und sich dem finanziellen Ruin nähern sollte. Alles was August anpackte, wurde zu Geld. Unter seinen Besitzungen befanden sich mehrere eisenhaltige Quellen. Kurzerhand ließ er ein *Bad* darüber errichten. Er lockte die neuen Reichen an der Ruhr, die neu aufkommenden Industrie-, Kohle-, Eisen- und Geldbarone in sein feudales Kurhaus, das in rustikaler Holzbauweise erbaut war, in den beliebten Kurort Lippholthausen. Dann nahm er ihnen beim Roulette und in Hinterzimmern, in denen mondäne Damen warteten, sehr viel Geld ab. In Augusts *Klein Paris*, wie die Menschen sein Etablissement nannten, waren die Behörden machtlos.
Augusts Sohn Udo hatte das Händchen fürs Geschäft nicht von seinem Vater geerbt. Unter seiner Herrschaft versiegten die Eisenquellen allmählich. Das einstmalig feudale Kurhaus wurde mit der Zeit zur staubigen Lagerhalle. Udo verlor, was August aufgebaut hatte.

Großes Kurhaus in seiner Glanzzeit 1820 – Zeichnung aus dem Jahre 1820; I. Fr. Chris

Der Legende nach soll August von Frydag in einer bedeutungsvollen Nacht die benachbarte sagenumwobene Burg Wilbring in Elmenhorst, einer Bauernschaft in Waltrop im Kreis Recklinghausen, beim Spiel erbeutet haben. In der frühen Neuzeit residierte dort der gefürchtete Statthalter und Hexenjäger des Vests Recklinghausen, Vinzenz Rensing.

Mit der Burg gewannen die Frydags gleich diverse Burggeister mit dazu, die dort über die Jahrhunderte ihr Unwesen trieben und die Menschen erschreckten. Wegen massiven Auftretens der geisterhaften Spukerscheinungen wurde damals der alte Rittersitz, auf einer Insel im Burggraben gelegen, nicht mehr bewohnt und die zerstörende Kraft der Zeit bewirkte Verfall und Abnutzung. Nur das Schlossgebäude hatte man restauriert, das heute als Reiterhof genutzt wird.

Oben: Gespenstische Atmosphäre um Burg Wilbringens Ruine
Links: Burg Wilbring, Hauptburg von Norden, Aufnahme 1905

Mit Augusts Sohn Udo starb nach sechshundertjähriger Geschichte das Adelsgeschlecht derer von Frydag, die mehrere Jahrhunderte die politischen Geschicke Westfalens mitbestimmten, im Jahr 1902 aus. Udo von Frydag hinterließ seinen durch Schulden entwerteten Besitz seinem Neffen Udo von Rüxleben, der einem thüringischen Adel entstammte.

Udo von Frydag mit einer Begleitperson (im Hintergrund links) und seinen Hunden vor Schloss Buddenburg

Der neue Schlossherr

Udo von Rüxleben zog ins Schloss Buddenburg ein und residierte als stolzer Burgherr. Er war passionierter Sportsmann, besaß mehrere Rennpferde und genoss das neue Lebensgefühl in vollen Zügen. Große Jagdgesellschaften und rauschende Feste erfüllten das Schloss mit Leben. Udo von Rüxleben war Offizier, Bismarck-Kürassier und Grandseigneur. Niemals pflegte er ein Trinkgeld unter 10,00 Mark zu geben. Wie der verstorbene Baron Udo von Frydag, so wurde auch Baron Udo von Rüxleben von der Bevölkerung wegen seines zuvorkommenden Wesens sehr verehrt. In Adelskreisen war er ebenfalls außerordentlich beliebt. Äußerlich erweckte er den Eindruck des begüterten Schlossherrn. Doch es gab finanzielle Einbußen und erhebliche Schulden in Höhe von 800.000,- Mark, die auf ihm lasteten. Sein treuer Gutsverwalter unterstützte ihn nach Kräften, der heiklen Situation Herr zu werden. Wilhelm von Posseck war ein Vetter des Schlossherrn. Er suchte unermüdlich nach Mitteln und Wegen, die Schuldenlast nicht weiter ansteigen zu lassen. Sein Einflussbereich war jedoch auf die Verwaltung und Wirtschaftsführung des Schlosses und des Gutsbereichs beschränkt. Dementsprechend konnte er nur die Spitze des Eisbergs kappen. Einer seiner pfiffigen Schachzüge war, die Jahresrente für die Witwe Udo von Frydags zu bestreiten. Sie hatte drei Jahre nach dem Tod ihres Gemahls erneut geheiratet und lebte seither in äußerst wohlhabenden Verhältnissen. Von Possecks List führte zum Erfolg, und so konnten jährlich neuntausend Mark gespart werden. Allerdings erschien dieser Betrag gegenüber den dauernden hohen anlaufenden Forderungen fast unerheblich. Die beträchtlichen Ansprüche, die Kapital- und Schuldendienst dem Hause Buddenburg auferlegten, die Grund- und Gewerbebankiers und in- und ausländische Kreditinstitute hatten, um an gehörig viel Geld zu kommen, lasteten auf dem Besitz. Die Gläubiger machten auch vor dem guten Namen eines alten Adelsgeschlechts keine Verbeugung. Stattdessen duldeten sie keinerlei Aufschub der Zahlungen. Deshalb beschloss Udo zur Rettung seines Besitzes einige der auf Buddenburg lastenden Rückstände abzufangen, indem er Land an die Eisenbahn, Kanalverwaltung und die Industrie verkaufte. Seit dem 1. Mai 1905 wurde das Gebiet um Schloss Buddenburg von der Eisenbahnlinie Hamm-Oberhausen durchschnitten. Ein paar Jahre später zog dann der Lippe-Seitenkanal Hamm-Datteln vorbei. Das Dorfidyll mit romantischem Flair war bald für immer dahin. Es wurde unruhig in Lippholthausen. Die Pferdekutschen aus Dortmund, die sonntags vor den beliebten Gasthöfen Breddemann und Rühenbeck hielten, kamen immer seltener.

Zum Lüner Brunnen 1910 - Foto Verlag A. Rutenborn Dortmund

Gaststätte Breddemann, Lippholthausen

Schloss Buddenburg, Torhaus und ehemaliger Wirtschaftshof, um 1935 – Foto J. Pabst, Lünen

Liebespaar vor der romantischen Kulisse
Schloss Buddenburg, von Süden
(Foto unbekannt, bea. S. G.)

Es zählte das Jahr 1904, da geschah politisch das, was als *Entente cordiale* in die Geschichte einging. England hatte zuerst Deutschland ein Bündnis angeboten, was Deutschland jedoch mit der Begründung ablehnte, dass England gar nicht anders könne. Indessen legten England und Frankreich ihre Streitigkeiten in Bezug auf die Kolonien bei und schlossen zur Regelung der Angelegenheiten ein diplomatisches Einvernehmen, was allerdings kein Bündnis war. England hatte zuvor versucht, eine Nord-Süd-Verbindung der afrikanischen Kolonien zu erlangen, während Frankreich daran interessiert war, eine Ost-West-Verbindung zu schaffen.
Nun bekam England Ägypten und Sudan. Dafür erhielt Frankreich Marokko. Deutschland war einmal mehr der Störenfried in der Beziehung.
Frankreich und Russland hatten sich bereits in den Jahren 1891-93 zu einem Militärbündnis zusammengeschlossen, nachdem Wilhelm der II. Bismarcks Rückversicherungsvertrag mit Russland nicht erneuert hatte.
Beim englisch-russischen Interessenausgleich der englisch-russischen Entente von 1907 einigten sich auch England und Russland bezüglich der Kolonien in Fernost. Diese englisch-russische Entente sollte dem Ausgleich der Gegensätze in Asien dienen. Großbritannien verzichtete auf eine direkte Einflussnahme in Tibet. Afghanistan blieb neutraler Pufferstaat. Der Norden Persiens wurde russisches, der Süden englisches Einflussgebiet. So wurde aus der *Entente cordiale* die *Triple Entente*, ein Dreierbündnis zwischen England, Frankreich und Russland.

Bismarcks Bündnissystem war endgültig zerstört. Deutschland und Österreich-Ungarn waren eingekesselt. Deutschland war nun auf Gedeih und Verderb an seinen einzigen Verbündeten Österreich-Ungarn geschmiedet. Die selbst herbeigeführte, weitgehende Isolation Deutschlands war eine beunruhigende, bedrohliche politische Situation. Sie brachte jedem Manne, am Schraubstock oder hinter dem Pflug, das Bewusstsein, dass bald ein Krieg auf den Schlachtfeldern bevorstünde.

Während dieser Zeit wollten die Glücksritter und die Helden des Kaiserreichs vor dem Versinken noch einmal alle Kostbarkeiten der Welt in sich hineinstopfen, bevor die Zeit des Verzichts unweigerlich nahte. An den Höfen des Hochadels jagte eine Festlichkeit die andere, und es wurden zahlreiche Gesellschaften ausgerichtet. In Berlin sog man das süße Leben durch alle Poren in sich hinein, gerade so, als würde morgen alles vorbei sein.
Die Träger der Offizierstraditionen in der kaiserlichen Armee mussten mitmachen, auch wenn die Finanzen knapp waren. Mancher Adelssitz in Westfalen hatte unter einer beträchtlichen Schuldenlast zu leiden. Wer seine persönliche Karriere oder seinen guten Namen nicht gefährden wollte, der mobilisierte seine letzten finanziellen Möglichkeiten und feierte mit. Da blieb es nicht aus, dass ehemals reiche Besitzungen von Schulden aufgefressen wurden. Die Söhne des aufkommenden Industrie- und Geldadels brachten viel Geld auf die Spieltische in den zahlreichen Salons und in die Séparées der Clubs vornehmer Badeorte.
Der längst erwartete Krieg war noch immer nicht eingetroffen, und niemand konnte voraussagen, wann er beginnen würde.

So verging der Sommer, während die englisch-, französisch-, russische Allianz entstand. Doch die Jahreszeit spielte für Berlin keine Rolle. In der Millionenstadt, die Berlin seit 1875 darstellte, war immer etwas los. Die Vorboten der kommenden Wintersaison rückten näher. Hier und da flackerten schon Festlichkeiten auf. Hofbälle fanden statt, die in der Regel seit Ludwig XIV. mit der *Branle*, einem erstmals im 16. Jahrhundert erwähnten Kreistanz, begonnen wurden. Für gewöhnlich führte der König selbst den offenen Kreis an. Am Ende der Tanzstrophe begab er sich dann mit seiner Tanzpartnerin, der Königin oder der ranghöchsten Prinzessin, an das Ende der Reihe. So führte jedes Paar den Tanz eine Tanzstrophe lang an, bis am Schluss wieder der König in der Führungsposition war. In der Zeit von Ludwig XV. tanzte man die *Branle* aber kaum mehr, man ging stattdessen gleich zum Menuett über. Zur damaligen Zeit wurde auch schon der Walzer regelmäßig getanzt. Der beliebte Cotillion war der Höhepunkt eines jeden Balls und ein Gesellschaftstanz, der zum Anbändeln sehr beliebt war. Er bestand aus einer wechselvollen Abfolge von Contretänzen, Polkas und Walzern und bezog seinen Reiz aus wechselnden Gruppierungen, teilweise freier Partnerwahl und neckischen Spieleinlagen.

Einer der unzähligen Hofbälle im Berliner Sommer 1907 wurde zum Schicksal für zwei junge Menschen, die neugierig auf das Leben in die bunte Welt blickten. Die wunderschöne blonde Komtess, Wanda von Strombeck, lernte auf dem Ball den imponierenden, weltgewandten Baron Udo von Rüxleben kennen. Der Moment als ihre Blicke aufeinandertrafen, reichte aus, um ihre Herzen schneller schlagen, und ihre Wangen heißer werden zu

lassen. Der Ballsaal war randvoll, und das aufgeheiterte Geplauder und Gelächter der gut gelaunten Gäste schwoll beständig an. Junge Frauen träumten davon, ihrem Prinzen zu begegnen, und die jungen Männer hofften insgeheim für sich, ihre Traumfrau beim Cotillion zu erobern. Tanzte auf einem Ball eine Komtess den Cotillion zweimal mit demselben Mann, so galt sie inoffiziell bereits als mit ihm verlobt und wurde zum Ziel von eifrigem gesellschaftlichem Klatsch, wenn die Verlobung noch nicht offiziell bekannt gegeben war.
Welche Gesellschaftstänze der schmucke Baron und das schöne Freifräulein miteinander tanzten, ist nicht überliefert. Jedoch verliebten sie sich ineinander, als sie sich trafen, und schwebten gemeinsam in den siebten Himmel hinein.

Wanda war an das Berliner Gesellschaftsleben gewöhnt und genoss es zutiefst. Udo warb um die Gunst dieser aufregenden, faszinierenden jungen Frau. Er verfügte über ein gewinnendes Lächeln und umschmeichelte sie mit seinem ganzen Charme, um ihre ungeteilte Aufmerksamkeit für sich zu gewinnen, was ihm schon bald gelang. Wanda hatte nur noch Augen für ihn, den attraktiven Adeligen mit der Aura formgewandter Gelassenheit. Das intensive Gefühl von Zuneigung und glühender Verliebtheit knüpfte das entscheidende Band zwischen ihnen und führte sie zueinander. Schon bald liebten sie sich leidenschaftlich und träumten davon, ihr ganzes Leben miteinander zu verbringen. So war es nur eine Frage der Zeit, bis sie beschlossen, zu heiraten und Udo Freiherr von Rüxleben seine schöne Braut zum Traualtar führte. Selbst in einem Märchen konnte es nicht romantischer zugehen.

Vertrauen in die Liebe

Die Hochzeit der Verliebten wurde ***der*** gesellschaftliche Höhepunkt. Im November desselben Jahres schloss das junge Paar in der Kaiser-Wilhelm-Gedächtniskirche den Bund fürs Leben. Das Brautpaar wurde umjubelt und mit großem Pomp gefeiert. Stattliche Gardeoffiziere waren es, die die junge Braut Wanda von Strombeck zum Altar führten, wo ihr Bräutigam, beachtlicher Reserveleutnant des Halberstädter Kürassier-Regiments Seidlitz, namentlich Udo Freiherr von Rüxleben, sie bereits sehnsüchtig erwartete. In ihm war die klassisch schöne Wanda ihrer großen Liebe begegnet. Sie glaubte, dass in ein Leben nur eine große Liebe passt, wie ihre Mutter einst sagte, und versprach ihm feierlich die eheliche Treue. In der Kirche versammelten sich der Hof und die bedeutenden Vertreter des Gardeoffizierkorps. Die Hochzeitsgesellschaft war sehr vornehm. Anmutig und strahlend im wunderschönen Brautkleid wirkte die Braut glücklich und bezaubernd wie ein Engel. Es war ***die*** Adelshochzeit des Jahres. Sie war mitreißend und berauschend, wie aus dem Märchenbuch. Mit dem dreiunddreißigjährigen Udo von Rüxleben, der in Schwarzburg-Sondershausen geboren war, hatte die schöne blonde Wanda nicht nur ***den*** Mann an ihrer Seite, den sie liebte, sondern auch eine außerordentlich gute Partie erreicht. Von Stund an legte sie die Abhängigkeit von ihren Verwandten ab und trat in den Stand als Ehefrau eines bedeutenden Mannes, der ihr ein angenehmes Leben ermöglichen konnte. Mit ihrer Eheschließung war sie dem höchsten Adel ebenbürtig geworden. Somit hatten sich ihre kühnsten Träume erfüllt. Die aristokratische Wanda Freiin von Strombeck wurde in Düsseldorf geboren und war zarte fünfundzwanzig Jahre jung. Ihren Vater Kurt Freiherr von Strombeck, Berliner Major in einem preußischen Garderegiment, hatte sie früh verloren. Ihre Mutter Micheline, eine gebürtige von Lucenski, kam aus Polen und hatte nur eine sehr schmale Majorswitwenrente zur Verfügung, von der die ganze Familie leben musste. So kam es, dass Wanda trotz ihres gebürtigen Adelsstandes bisher in mittelmäßigen, kargen, unwürdigen Verhältnissen, sogar fast in Armut lebte. Sie gehörte zum sog. *verarmten Adel.* Ihr persönlicher Reichtum war ihre unerschöpfliche Kreativität und dass sie sehr gut dichten konnte. Sie besaß die Angewohnheit das, über was sie nachsann, aufzuschreiben. Es machte ihr Spaß, Verse zu formulieren und in Reimen zu verfassen. Darüber hinaus gab sie auch der Mystik, als Alternative zur rationalen Art des Erkennens, einen Platz in ihrem Leben. Sie schrieb leidenschaftlich gern Liebesgedichte, was in der damaligen Zeit peinliches Gerede heraufbeschwor, weil sie eine Frau war. Im Alter von neunzehn Jahren überraschte sie ihre Familie sogar mit der veröffentlichten Herausgabe einer Sammlung glühender Liebesgedichte. Die wenigen Exemplare von Wandas Liebeslyrik, die dem raschen Zugriff ihrer entsetzten Angehörigen, die einen Skandal verhindern wollten, entgingen, wanderten als Geheimtipp in den Hofzirkeln von Hand zu Hand. Nicht nur wegen ihrer romantischen Texte war Wanda in der Männerwelt äußerst umschwärmt. Sie galt nicht nur als gebildet, sondern hatte wegen ihrer einfühlsamen Texte auch den Ruf, besonders versiert in der Erotik zu sein. Sie war der Schwarm aller Offiziere der Berliner Garnison. Trotzdem wollte sie, seit ***er*** ihr begegnet war, nur den Einen. Die schönsten Worte der Liebe, den Treueschwur, schenkte sie ***ihrem*** Baron aus reiner und ehrlicher Liebe. Sie hatte das Gefühl, die ganze Welt mit nur einer Hand erobern zu können, solange ihr Liebster nur ihre andere hielt.

B.

Nr. 534

Deutsch Wilmersdorf am fünf ten

November tausend neunhundert und sieben

Vor dem unterzeichneten Standesbeamten erschienen heute zum Zwecke der Eheschließung:

1. der Rittergutsbesitzer Hans August Wilhelm Udo Freiherr von Rüxleben,

der Persönlichkeit nach durch Geburts- und Taufschein anerkannt,

evangelischer Religion, geboren am zehn ten Oktober des Jahres tausend acht hundert sechzig und drei zu Sondershausen wohnhaft in Lippholthausen, Landkreis Dortmund,

Sohn des verstorbenen Rittergutsbesitzers, Kammerherr Hans Otto Freiherr von Rüxleben zuletzt wohnhaft in Schloß Rottleben, und seiner Ehefrau Auguste Hedwig, geborene Freiin von Frydag wohnhaft in Schloß Rottleben am Kyffhäuser;

2. die Maria Irmgard Anna Dorothea Ottilie Wanda von Strombeck, ohne Beruf,

der Persönlichkeit nach durch Geburtsurkunde anerkannt,

evangelischer Religion, geboren am zwölf ten März des Jahres tausend acht hundert achtzig und zwei zu Düsseldorf, wohnhaft in Deutsch Wilmersdorf Meinekestraße 14,

Tochter des verstorbenen Majors zur Disposition Kurt von Strombeck zuletzt wohnhaft in Weimar, und seiner Ehefrau Wilhelmine geborenen von Lucenski, wohnhaft in Deutsch Wilmersdorf.

Als Zeugen waren zugezogen und erschienen:

3. der Landrat und Kammerherr Otto von Pestel,

der Persönlichkeit nach durch Bestallung

bekannt,

59 Jahre alt, wohnhaft in Haus Bruche bei Melle;

4. der Leutnant Freiherr Otto von Rüxleben,

der Persönlichkeit nach durch Ordenspatent

bekannt,

30 Jahre alt, wohnhaft in Bückeburg, Georgstraße 13.

Der Standesbeamte richtete an die Verlobten einzeln und nach einander die Frage:

ob sie die Ehe mit einander eingehen wollen.

Die Verlobten bejahten diese Frage und der Standesbeamte sprach hierauf aus,

daß sie kraft des Bürgerlichen Gesetzbuchs nunmehr rechtmäßig verbundene Eheleute seien.

Vorstehend zwei Druckworte gestrichen

Vorgelesen, genehmigt und unterschrieben

Udo Frhr. von Rüxleben. Hilda Freifrau von Rüxleben, geborene: von Strombeck. Otto von Pestel.

Otto Freiherr von Rüxleben

Der Standesbeamte.

Voigdt

Donnerstag, 7. November 1907. Nr. 568. — 25. Jahr

2. Ausgabe. Abendblatt.

Berliner Lokal-Anzeiger.

Hof und Gesellschaft.

Die Kaiserin empfing heute vormittag im Königlichen Schlosse den Besuch des Kronprinzen von Schweden, der, wie an anderer Stelle berichtet, auch der Rekrutenvereidigung beiwohnte.

•

Der Herzog von Sachsen-Altenburg ist, wie man uns aus Hummelshain telegraphiert, an Kehlkopf- und Bronchialkatarrh erkrankt. Das heute ausgegebene Bulletin lautet: „Der Katarrh ist nicht erheblich verändert, doch eher etwas gebessert. Kein Fieber. Allgemeinbefinden, Schlaf und Appetit sind befriedigend. Dr. Thiele.“

•

Verlobt haben sich: Fräulein Charlotte Barella mit dem Bankbeamten und Leutnant der Res. im Feld-Art.-Regt. Nr. 66 Georg Walter in Berlin; Freiin Anna Luise von der Goltz in Berlin mit Dr. med. Artur Muthmann in Nassau a. d. Lahn. — Ihre Vermählung geben bekannt: Udo Freiherr von Rüxleben und Frau Wanda, geb. von Strombeck, in Berlin; Landrichter Dr. jur. Fritz Kaul und Frau Else, geb. Richter, in Bochum. — Die Geburt einer Tochter zeigen an: Hans von Wartenberg-Gleißen und Frau Edelgard, geb. von Möllendorff, in Gleißen. — Gestorben ist: Frau Olly von Poncet, geb. von Bescherer, in Dirschel, Ober-Schlesien.

Donnerstag, 7. November 1907. 2. Ausgabe Abendblatt Nr. 568 — 25. Jahrgang.

Berliner Lokal-Anzeiger.

Hof und Gesellschaft.

Die Kaiserin empfing heute Vormittag im königlichen Schlosse den Besuch des Kronprinzen von Schweden, der wie an anderer Stelle berichtet, auch der Rekrutenvereidigung beiwohnte.

Der Herzog von Sachsen-Altenburg ist, wie man uns aus Hummelshain telegraphiert, an Kehlkopf- und Bronchialkatarrh erkrankt. Das heute ausgegebene Bulletin lautet: „Der Katarrh ist nicht erheblich verändert. Doch eher etwas gebessert. Kein Fieber, Allgemeinbefinden, Schlaf und Appetit sind befriedigend. Dr. Thiele."

Verlobt haben sich: Fräulein Charlotte Barelin mit dem Bankbeamten und Leutnant des Res. im Feld-Brt-Regt. Nr.56 Georg Walter in Berlin; Freiin Anna Lulfe von der Golz in Berlin mit Dr. med. Artur Muthmann in Nassau an der Lahn. — ***Ihre Vermählung geben bekannt: Udo Freiherr von Rüxleben und Frau Wanda, geb. von Strombeck in Berlin;*** *Landrichter Dr. jur. Fritz Raul und Frau Else geb. Richter, in Bochum. — Die Geburt einer Tochter zeigen an: Hans von Marienberg-Gleißen und Frau Edelgard, geb. von Möstendorn in Gleißen. — Gestorben ist: Frau Ottilie von Boncel, geb. von Bescherer, in Dirschel, Oberschlesien.*

Der Wind rauschte durch die Bäume und schüttelte sie derb, dass auch die letzten Blätter von den Zweigen fielen. Wanda hielt ihren feierlichen Einzug in das Schloss ihres Gemahls im stillen Lippholthausen bei Lünen. Der Wagen fuhr mit dem Brautpaar die herbstliche Schlossallee entlang, an deren Ende sich eine große Holzbrücke über die Lippe spannte, die zum Schloss führte. Strahlend schön und mit großen Hoffnungen erfüllt, bewunderte die junge Baronin von Rüxleben den majestätischen Park, den Reichtum an umsäumenden Bäumen und das glanzvolle Schloss, das am Ende der Allee vor ihren Blicken erschien und das ihr sprichwörtlich als ihr neues Zuhause nun zu Füßen lag. Links auf der Südseite der Lippe befand sich der hochherrschaftliche Pferdestall des Buddenburger Adels. In der Reithalle standen die besten, konkurrenzfähigsten Reitpferde von vornehmem Geblüt. Auch die Buddenburger Wagenpferde und Traber waren bei den Rennen sehr erfolgreich. So erfreute sich der Rennstall, den der Baron unterhielt, großer Beliebtheit. Der Viererzug wurde in den Wappenfarben schwarz und weiß gefahren. Dem Pferdestall gegenüber, links neben der Schlossallee, beherbergte die Orangerie prächtige exotische Pflanzen. Exotische Hölzer, kostbare Gewächse aus fremdländischen Blumensamen und Kräuter- und Gemüsepflanzen, die den adeligen Speiseplan bereicherten, verströmten ihren Duft. Zahlreiche Kübelpflanzen schmückten die hohen Hallen des riesigen schmucken Gebäudes, um darin den Winter zu überstehen und im Frühjahr wieder in den Park gebracht zu werden, um dort im Sommer gut zu wachsen und das Publikum zu erfreuen. Westlich der Schlossallee lag anmutig und verträumt unter Buchen angelegt der Privatfriedhof der

Familie, *Im Murd.* Man glaubte, in einem stillen Park zu weilen. Dorthin führte ein schmaler Weg durch einen dunklen Fichtenhain mit seinem kühlen Schatten. Die Lippe zog ihr seidenes Band direkt am Schloss entlang. Später sollte Wanda an etlichen Tagen, umarmt von ihrem geliebten Ehemann, glücklich mit ihm auf der Lippebrücke stehen.

Damals schauten die beiden noch gemeinsam in eine Richtung. Ihre Augen folgten dann den unendlichen Weiten des Wassers, das mal träge vor sich hin glitzerte, um bald wieder von der zügigen Strömung des Flusses davongetragen zu werden.

Schlossallee, 1915 - Foto W. Bongers, Lünen

Die Liebe wollte weiterleben

Der Wagen fuhr um das Rondell und hielt vor der großen Freitreppe. Alle Bediensteten standen dort, um das junge Brautpaar in Empfang zu nehmen. Udo stieg aus, schritt zur Wagentür der anderen Seite, reichte seiner Liebsten die Hand und half ihr beim Aussteigen. Die Braut strahlte vor Glück; sie war geblendet von der Schönheit dieses Schlosses, dessen Herrin sie ab diesem Moment wurde. Wanda schritt die Stiegen der Freitreppe empor und ging hinein. Besitzergreifend lief sie über den Steinfußboden der weiträumigen Halle und sah die breite geschwungene Treppe hinauf. Der Diener Julius stieg mit feierlichem Gesichtsausdruck durch die Gänge des Schlosses und putzte die zahlreichen Petroleumlampen nochmal über. An den Wänden hingen Waffen, besonders wertvolle Exemplare waren mit Silber und Elfenbein geschmückt. In der Ahnengalerie hingen überall an den Wänden große Bilder der adeligen Vorfahren. Dazu gesellten sich ausgestopfte Tiere, denen das Unglück anhaftete, von den Ahnen in der Vergangenheit erlegt worden zu sein. Sie befanden sich sowie zahlreiche Gehörne und Geweihe mit Beschriftung auf silbernen Bändern an den Wänden der Halle, des Treppenhauses und der meisten Räume. Nur der Salon und der Essenssaal waren frei von diesen Trophäen. Im Herrenzimmer hingen besonders wertvolle Exponate. Ein Adler, der sich ehemals ins Lippetal verirrt hatte, wurde als Schaustück im Schloss präsentiert. Mit weitgespannten Schwingen schwebte der mächtige Greifvogel unter der Decke des Saals, und es sah so aus, als wolle er sich von oben auf den Betrachter herabstürzen.

Nach der Besichtigung ihres neuen Heims verließ Wanda das Schloss. Tief atmete sie die frische Luft ein und spazierte durch den Park, der das Schloss umgab. Sie schritt an der Orangerie vorbei, unter hohen Baumkronen entlang bis zum Rand des Parks, der mit einer Seite an Wald, mit der zweiten an Weiden und Koppeln, und mit der dritten an den Fluss grenzte.

Der Baron und seine Frau genossen bei den Leuten in ihrem Bezirk und darüber hinaus hohe Achtung. In den ersten Monaten ihrer jungen Ehe und des gemeinsamen Aufenthaltes in Schloss Buddenburg lebte das Paar sehr auf sich zurückgezogen. Im Hinblick auf das junge Glück dachten die Lippholthausener Bürger verständnisvoll, die frisch Vermählten hätten mit sich selbst gerade genug zu tun.

Orangerie Schloss Buddenburg

Wanda fühlte sich in letzter Zeit leicht, unbeschwert und so gut und glücklich, wie lange nicht. Ihr Appetit war grösser als sonst. Die frische Landluft schien ihr gut zu bekommen. Sie bemerkte einen kräftigen Energieschub, so als könne sie Bäume ausreißen. Diese neu gewonnene Energie wollte sie am liebsten in Ausflüge zu Pferd, Spaziergänge im Park und Tanzen mit Udo umsetzen. Doch ihr Gatte ritt neuerdings ohne sie aus, reiste nach Berlin oder in eine andere Großstadt. Das sei so üblich, erklärte er ihr, doch sie war überhaupt nicht damit einverstanden, was sie ihm auch mitteilte. Unwirsch wies er sie ab. Ihre Augen füllten ich mit Tränen, als sie sagte: „Du kümmerst dich nicht um mich. Immer bist du unterwegs oder sitzt an deinem Schreibtisch. Ich bin fremd hier und weit weg von meiner Familie, meiner Schwester, meinen Freunden. Niemand ist da, mit dem ich mal offen sprechen kann. Mit dir kann ich auch nicht reden, du hörst mir einfach nicht zu."

Wanda konnte sich niemandem anvertrauen, der ehrlich zu ihr stand. Sie fühlte sich schutzlos in einer Welt von Traurigkeit. Doch bald schon feierten die beiden ein Versöhnungsfest zu zweit, das dann umso schöner war. Nach einem gemeinsamen Spaziergang blieben sie auf der Brücke stehen. Beobachter konnten bemerken, wie das Paar eng umschlungen am Geländer stand, sich tief in die Augen blickte und liebevoll miteinander flüsterte. Es gab den Anschein, dass sie sich zur Versöhnung die für ewig immer wieder bis zum Herzen dringenden Worte der Liebe sagten.

Wanda fühlte sich glücklich. Ihre ungewohnte Lust auf die verschiedensten Speisen nahm stetig zu. Wenn sie mal wieder zu viel davon gegessen hatte, empfand sie ein unangenehmes Ziehen im Bauch. Die Veränderungen, die sie neuerdings an sich wahrnahm, verunsicherten sie, denn sie erkannte plötzlich ihren eigenen Körper nicht mehr wieder. Bald spürte sie intuitiv, dass sich etwas Freudiges ereignet hatte. Als sie auch noch starke Rückenschmerzen bekam, vertraute sie sich ihrem Arzt an. Nach eingehender Untersuchung teilte der ihr mit, dass sie sich ab jetzt besonders schonen müsste, da sie ein Kind unter dem Herzen trug. Wanda konnte sich fast nicht zusammennehmen vor lauter Glück. Ihre und Udos große Liebe sollte weiterleben, indem ihr kleiner Patriot in die Welt kommen würde!
Ob Udo sich auf das gemeinsame Kind genauso freute wie sie? Wie sollte sie es dem werdenden Vater sagen? Ließ sich ein solch bewegender Moment etwa planen?
Leider war ihr Mann nachmittags nicht erreichbar, da er unterwegs war. Wanda war traurig, dass sie es ihm nicht sofort mitteilen konnte. So eine wunderschöne Nachricht kann man fast nicht für sich behalten. Der werdende Vater war der Erste, der diese besondere Neuigkeit erfahren sollte, er war schließlich auch daran beteiligt.

Am Abend erwartete Wanda Udo nach seinem Herrenabend erst spät zurück und ging schon ins Bett. Angestrengt versuchte sie, wachzubleiben, um auf ihn zu warten. Qualvoll waren die Momente, wenn sie Schritte auf der Treppe hörte und es doch nicht die seinen waren. Stattdessen kümmerte sich der Diener um die Petroleumlampen, füllte sie mit Öl nach, weil der Herr noch nicht zuhause war und damit er sich nicht im Dunkeln anstoßen sollte. Tatsächlich kam Udo erst mitten in der Nacht nach Hause, als sie tief im Schlaf lag.

Am Morgen verließ er schon früh das Schloss, weil er unaufschiebbare Termine hatte, sodass Wanda keine Zeit blieb, um ihm in angemessener Atmosphäre die freudige Nachricht zu übermitteln. Dies änderte sich in der nächsten Zeit auch nicht. Udo hatte ständig irgendwelche Ausflüchte und Termine, die er auswärts wahrnehmen musste, sodass für sie keine Zeit übrig blieb. Immerhin war ***er*** nicht der einzige. Auch die anderen Standesherren hatten allerhand Vorwände, von den Jagden angefangen bis zu den sog. Herrenabenden, sich von ihren Frauen abzusetzen. Seit vielen Generationen verkehrten die landgesessenen Adeligen miteinander, waren oft verwandt, so auch die Rüxleben's aus Rottleben und Buddenburg. Man war recht wohlhabend. Auch die Offizierskorps verkehrten auf den Gütern, vor allem die Münster'schen Kürassiere. Wenn die hohen Herren umherzogen, flüsterten sich die zurückgelassenen Damen errötend hinter ihren Fächern ihre Ängste und Befürchtungen im Zusammenhang mit *leichten Mädchen* und *Ballettratten* zu.

Udo konnte von seinen Junggesellenangewohnheiten nicht lassen und langweilte sich zunehmend in der Ehe. Während er immer öfter ohne seine Frau unterwegs war, hatte er außerdem das alleinige Sagen - ein klassisches Profil des westfälischen Adels im 19. und 20. Jahrhundert, den Wanda spöttisch *Dorfadel* nannte. Er verlor das Interesse an seiner Frau noch bevor sie ihm einen Stammhalter schenken konnte. Wanda, von empfindsamer und idealistischer Natur, litt an dem leeren Arrangement ihrer Ehe. Sie wollte nicht die Sklavin ihres

Ehemannes sein und zu allem ja und amen sagen. Wenn Udo sie als seine Ehefrau schon ablehnte, wie könnte er dann sein Kind lieben, das sein eigenes Fleisch und Blut aber auch ein Teil von ihr war? Von diesen Gedanken durchdrungen, verschwieg sie ihm ihre Schwangerschaft, hatte Stimmungsschwankungen und war oft müde und gereizt. Um sich abzulenken, wendete sie sich dann ohne ihren Mann diversen Vergnügungen ihrer Zeit zu und war, obwohl von starken Selbstzweifeln zerrissen, strahlender Mittelpunkt jeder Gesellschaft. Mit ihrer Schönheit und Aufrichtigkeit eroberte sie die Herzen der Menschen und drängte manches Mal ihren Gatten an den Rand. So war sie es gewohnt, gewisse Dinge allein zu genießen, doch die Resonanz mit einem vertrauten Menschen danach nicht zu fühlen, war schmerzlich. Der Adel warf ihr unmoralisches Verhalten vor und tadelte sie öffentlich. Andere wieder tuschelten heimlich hinter ihrem Rücken. So blieb sie immer im Gespräch, ohne dass ihr Gatte sie je beschützt hätte. Es war ein Leben vor vielen Abgründen. Udos vermeintliche Lieblosigkeit und unbeirrte Abwesenheit riefen bei Wanda Misstrauen und Eifersucht hervor. Trotz all ihrer Bitten ließ ihr Mann sich nicht halten. Ihre Verunsicherung versuchte sie im Taumel von Exzentrik zu verdrängen, was tragisch enden musste.

Der westfälische Adelige war weitestgehend ungnädig mit Wanda als Neubürgerin Westfalens. Gerade als Frau hatte man den immensen Druck, alles richtig machen zu müssen. Wenn etwas schief ging, wurde es damals der Frau angelastet, nicht ihrem Mann. Wanda versuchte, alles richtig zu machen, doch sie war damals schon eine Frau, die ihre Überzeugungen allen inneren und äußeren

Widerständen zum Trotz durchsetzen wollte, und deren unzerstörbare Entschlossenheit auch für Frauen aus der heutigen Zeit relevant ist, also eigentlich eine Kämpferin. So eckte sie nicht selten an und sorgte für Aufsehen. Längst schon hatte Wanda die Scheinheiligkeit und Doppelmoral der aristokratischen Gesellschaft Westfalens, die den *Gehorsam der Frau gegenüber ihrem Ehemann* über alles stellte, entlarvt und angeprangert. Wanda avancierte zum Liebling der populären Presse. In den Regionalblättern ihrer Zeit fand die Baronin als bildhübsches Anhängsel ihres teuren Gatten Erwähnung, aber auch als modische Trendsetterin. Mit ihren klassischen Hochsteckfrisuren und eleganter Kleidung, die von vielen westfälischen Damen nachgeeifert wurden, fiel sie auf. Wandas Lebensrealität zeigte dagegen spürbar die Tatsache, dass nicht alles Gold ist, was glänzt. Sie fühlte sich von ihrem Ehemann stark vernachlässigt, obwohl sie gerade in der kritischen Zeit ihrer Schwangerschaft auf seine Hilfe und Fürsorge angewiesen war. Sie spürte, dass sie sein Kind unter ihrem Herzen trug, doch es gelang ihr immer weniger, sich darüber zu freuen.

In Momenten der Zukunftsangst zog Wanda sich in die Einsamkeit zurück und vermied es, Zeugen für ihren traurigen Zustand zu begegnen. Sie hielt sich besonders gern im Schlosspark auf, wo sie mit ihren Gedanken allein sein konnte. Dann träumte sie von einer glücklichen Familie in geordneten Verhältnissen und einem friedvollen Zusammenleben mit dem Menschen, den sie aus Liebe geheiratet hatte und den sie sich als stolzen Ehemann und Vater ihres Kindes an ihrer Seite wünschte. Wie eine Schlafwandlerin in einem Albtraum kam sie sich vor inmitten riesiger Schlossmauern, die sie

erdrückten. Sie bedauerte sich täglich selbst. Ihre Sorgen wurden größer, je mehr sie darüber nachdachte, dass sie das süße Geheimnis noch immer für sich behielt. Sie konnte sich nicht dazu entschließen, ihrem Mann diese Neuigkeit mitzuteilen, die wohl ohnehin kein Grund für ihn sein würde, seinen gewohnten Lebensstil zu ändern. Sie konnte sich nicht vorstellen, wie er reagieren würde, wenn er wüsste, dass sie sein Kind unter ihrem Herzen trug, befürchtete jedoch das Schlimmste. Wanda stellte sich viele Fragen: Was sollte nur werden? Wie könnte sich in dieser angespannten, unsicheren Atmosphäre ein Kind zu einem unbeschwerten, glücklichen Mitglied der Gesellschaft entwickeln?
Würde Udo ihr gar die Tür weisen -, ihr und dem Kind das Zuhause nehmen? Immer noch hoffte Wanda, dass die Gelegenheit käme, um Udo doch noch von dem in ihr wachsenden Leben, Zeugnis ihrer Liebe, Kenntnis geben zu dürfen. Doch dazu müsste er ihr zuhören wollen. Diese großartige Nachricht wollte sie ihm nicht im Vorbeigehen mitteilen. Nach einiger Zeit fiel es auf, dass sich die sonst so wortgewandte Wanda immer mehr in sich zurückzog. Nun begann man zu rätseln, aus welchem Grund sie immer stiller wurde. Nur Udo schien nichts zu bemerken.

Damals danach befragt, ob ihr das einsame Leben auf Buddenburg gegenüber dem Berliner Großstadtleben auch zusage, antwortete Wanda, dass es ihr sehr gut gefiele und sie sich heimisch fühle. Offenbar hing zu der Zeit der Himmel noch voller Geigen. Sie hatte den großen Traum, in ihrer neuen Heimat mit ihrem geliebten Mann gemeinsam zu sein und nicht allein.

Doch das Glück der Vermählten auf Buddenburg währte nur kurz. Bald war Wanda erwacht in einem Kerker und hatte gemerkt, dass das Leben in den westfälischen Adelssitzen nicht so nobel war wie in Berlin. Sie war unzufrieden mit ihrem Leben in der Provinz. Die derben Sprüche und die bäuerliche Lebensart, die dort zuhause waren, lehnte sie ab. Vom westfälischen Adel, der ihrer Ansicht nach in seiner Trägheit und Sattheit kaum zu überbieten war, fühlte sie sich zutiefst enttäuscht. Er war das genaue Gegenteil des Berliner Adels. Wanda hatte ganz andere Erwartungen an ihren Ehemann und dessen Adelskreise geknüpft. Doch Udo von Rüxleben ließ sich von der Noblesse des Berliner und des östlichen Adels, die auch Wanda zueigen war, nicht aus der Ruhe bringen. Dazu kam, dass er nicht bereit war, auf sein gewohntes Junggesellenleben zu verzichten. Seine Standesgenossen neckten ihn immer wieder mit spöttischen Blicken, ihn, den frisch gebackenen Ehemann einer mondänen Frau. Das war ihm sehr unangenehm. Er unterwarf sich immer mehr diesen Spötteleien. Es dauerte nicht lange, da zog er es vor, ohne seine Ehefrau bei Festen zu erscheinen.

Diese Vernachlässigungen verletzten Wanda zutiefst, und dunkle Gewitterwolken zogen am Ehehimmel auf. Hatte ihr Gemahl die Ehe mit ihr unterschätzt? Wenn man einander liebte, hatte man doch den Wunsch, so oft wie möglich zusammen zu sein. Warum ließ ihr Mann sie dann so häufig allein? Mit diesen Zweifeln stand sie verlassen auf ihrer Brücke. Ihre traurigen Augen folgten dem trägen Lauf des Flusses. Immer wieder starrte sie schmerzerfüllt auf das Wasser, das einem glänzenden Seidenband glich, dessen Anblick sie jedoch nicht beruhigen konnte.
Wanda schwankte zwischen Zweifeln und Wünschen. Liebte ihr Ehemann sie noch? Hatte er sie überhaupt jemals geliebt? Oder hatte er sich anfangs nur mit den Augen in ihr Äußeres verguckt? War die Liebe nicht bis zu seinem Herzen vorgedrungen? Warum waren sie verheiratet, wenn nicht aus Liebe?
Wanda stellte sich viele Fragen. Sie wünschte sich von ganzem Herzen eine innige Gemeinsamkeit mit ihm, den sie so sehr liebte und wollte die Hoffnung auf seine Liebe nicht aufgeben. Doch er schien es vorzuziehen, ohne sie zu sein, scheinbar spürte er ihre Liebe nicht. Sie hatte Angst, dass alles vorbei war, noch bevor es richtig begonnen hatte. Vor ein paar Wochen hatten Udo und sie noch Hand in Hand, verliebt über so viele Dinge geredet, gemeinsame Pläne für die Zukunft geschmiedet, und nun? Was sollte sie nur tun?
Einem klärenden Gespräch ging er aus dem Weg, und für gewöhnlich spielte er ihre Sorge herunter. Es war einfach nicht mehr wie vorher, als er sie so unbeschreiblich glücklich gemacht hatte. Sie unternahm mehrere Versuche, mit ihm darüber zu sprechen, doch ihr Angetrauter wollte nichts von ihren Gefühlen wissen und

winkte einfach ab. Dann war er auch schon wieder fort, bei irgendeinem Herrenabend, zur Jagd, oder mit seiner Limousine unterwegs. Es schien so, dass sie ihren geliebten Udo nicht mehr erreichen konnte. Immer seltener unterrichtete er sie über seine Ziele.

Wenn der Baron nicht auf Buddenburg weilte, hielt er sich öfters in Berlin, Düsseldorf oder Paris auf - ohne seine Frau. Wanda fühlte sich leer, ungeliebt, verzweifelt und einsam. Diese unheimliche und schmerzliche Situation des Verlassenseins steigerte ihr Angst. Wenn sie traurig war, zog sie sich in ihre Gemächer zurück, schrieb Liebeslyrik und schmiedete neue verträumte Verse, so als könne sie dadurch ihr Unglück schmälern. Um vor Einsamkeit nicht verrückt zu werden, suchte sie ihrerseits immer öfter Gesellschaften. Sie fuhr mehrfach allein oder mit einer Freundin nach Düsseldorf, und immer wieder kehrte sie allein in das Schloss zurück oder ging isoliert in ihrer Einsamkeit im Schlosspark spazieren.

Schloss Buddenburg von Norden, um 1910 – Foto unbekannt

Einige Tage vor Weihnachten 1907 kam es zum ersten öffentlichen lauten Ehekrach. Die Mahlzeiten nahm das Paar noch zusammen ein, doch danach begaben sie sich getrennt voneinander auf ihre Zimmer, in die Bibliothek oder in den Salon. Die Nachtruhe der beiden Eheleute fand noch gemeinsam statt.

Das Weihnachtsfest verlief ruhig und friedlich. Udo und Wanda beschenkten das Personal und besuchten danach noch einträchtig den Weihnachtsgottesdienst.

Silvester und Neujahr feierten beide dann getrennt voneinander.

Udo begoss die Ankunft des neuen Jahres bei seinem Freund auf Schloss Romberg in Buldern, ohne zu ahnen, dass seine Frau bereits sein Kind unter ihrem Herzen trug.

Kälte und Dunkelheit sind böse Begleiter der Einsamen. Wanda blieb allein und traurig im Schloss zurück. Sie hatte wieder keine Gelegenheit gefunden, ihm diese schöne Nachricht ans Herz zu legen. Eine Freundin aus Dortmund besuchte sie, in deren Gesellschaft sie den Jahreswechsel auf Schloss Buddenburg beging.

Schloss Buddenburg von Süden, um 1908 – Foto unbekannt

Im neuen Jahr 1908 trat die Wirtschafterin Fräulein Glazik, die vorzüglich in der französischen Küche bewandt war, ihren Dienst bei den jungen Herrschaften an. Sie merkte sofort, dass es um die Stimmung zwischen den Eheleuten äußerst schlecht stand. Sie schliefen nicht mehr im selben Raum und entfernten sich zusehends voneinander. Udo von Rüxleben bemühte sich darum, seine geschäftlichen Beziehungen mit den häuslichen Verpflichtungen zu verbinden, was manchmal sehr schwierig war. – Wanda stand mal wieder allein auf der Lippebrücke, blickte verloren auf den glitzernden Fluss und lauschte dem leisen Geflüster der sanften Strömung, die ihr etwas zu erzählen schien. Ihre Tränen stürzten in den Fluss und vor ihren tränennassen Augen verschwamm dann das Schloss in bizarre Formen. Ihr Herz pochte schmerzhaft und schnell vor Wut und Enttäuschung über die Wellen von Gefühlskälte und Abneigung, die ihr von Mitgliedern des westfälischen Adels entgegenschlugen.

Die unfassbare Unglaublichkeit sah sie immer mehr im Benehmen des westfälischen Adels. Er hatte nichts von der Grandiosität der Hofgesellschaft, die ihr vertraut war, und des öffentlichen Adels an sich. Dieses würdevolle Auftreten mit ehrenhaftem, großzügigem Verhalten ging ihrer Meinung nach den westfälischen Adeligen ganz und gar ab. Stattdessen saßen sie Alkohol trinkend und rauchend beisammen und machten sich über die Berliner Hofgesellschaft lustig. Was galt schon dem westfälischen Adelsmann eine unerreichbare weibliche Schönheit? Obendrein war offenbar ein dichtendes, zunftbegeistertes adeliges Weib in Westfalen eine absolute Unmöglichkeit.

Wanda fühlte sich mittlerweile in ihrer Geburtsstadt Düsseldorf wieder wohler als zuhause auf Buddenburg. Dort hatte sie Freunde, deren Einladung sie annahm, mit ihnen den Karneval 1908 zu feiern, um sich abzulenken. So betäubte sie ihren Schmerz in der schönen, ihr vertrauten Stadt am Rhein. Dieses Erlebnis war ihr einziger Lichtblick neben der trostlosen westfälischen Einsamkeit, die sie plagte. Doch ihre Besuche in Düsseldorf konnten ihr das gewohnte Berliner Paradies nicht ersetzen.

Wanda verstand die Derbheit der bodennahen Westfalen nicht. Gegen geistige Ansprüche schienen die westfälischen Edelherren vollkommen resistent zu sein. Sie begrüßten es, wenn die blaublütigen Damen sich am Kamin Kochrezepte und erlesene Weinmarken zuflüsterten. Doch eine Freifrau, die Gedichte über die Liebe verfasste, war absolut nicht akzeptabel für die hohen Herren. Allein schon bei der bloßen Vorstellung wackelten den Herren der westfälischen Adelsschöpfung

die feisten Bäuche. Solche hochtrabenden Unnötigkeiten waren schon seit Jahrhunderten nicht erwünscht, und die *polnische Hexe* auf der Buddenburg wird's nicht ändern, war das einstimmige Credo der Herrengesellschaft um Wandas Ehegatten. In dieser Weise beeinflussten sie den Baron. Allerdings ließ der sich durch die Skandalnachrichten über seine Gattin nicht aus der Ruhe bringen, wenn ihn gelegentlich Informationen aus anderen Adelshäusern erreichten, wo man sich den Mund darüber zerpflückte, weil seine Wanda wieder mal Liebeslyrik verfasst hatte. Es passte nicht zu einem westfälischen Adeligen, dessen hervorragender Vertreter der *Tolle Bomberg* war, dass er sich wegen seiner Gattin den Kopf zerbrach. So kam ihm auch nicht in den Sinn, sich für die Akzeptanz seiner jungen Gemahlin einzusetzen.
Bisher hatten im westfälischen Adel immer noch die Männer das erste und letzte Wort gesprochen, ihre Frauen geformt und nicht umgekehrt. Das sollte auch so bleiben. Wenn er Wanda entgegengekommen wäre, hätten seine adeligen Freunde ihn womöglich als einen, von seiner erotischen Ehehälfte dominierten, schwachen und lächerlichen Pantoffelhelden gebrandmarkt. Denn schon im 19. Jahrhundert nannte man plüschige, bequeme Hausschuhe Pantoffeln. In dieser Zeit wurde auch die symbolische Redensart *unter dem Pantoffel stehen* geprägt. Die einst eng ans Haus gebundenen bürgerlichen Ehefrauen trugen dort Pantoffeln. Ehemänner, die sich der häuslichen Herrscherin unterordneten, standen somit *unter ihrem Pantoffel* und wurden prompt zu fügsamen *Pantoffelhelden.*

So einer war der Baron auf keinen Fall, und so wollte er auch niemals enden.

Udo von Rüxleben hatte, wie allgemein der westfälische Adel zu der Zeit, ganz andere Sorgen. Von Norden her kam eine gefräßige, stinkende Macht angerückt, verpestete die Luft und vereinnahmte das Volk. Die Industrie begann, ihren Einzug in das heimatliche Westfalen zu halten, und die Würde des Adels geriet einschneidend unter die Räder. In dieser Zeit kam es vermehrt zu Diebstählen, und die Menschen lebten zunehmend in persönlicher Unsicherheit. Es kam vor, dass ein Unbescholtener bei Nacht und Nebel einem Industriearbeiter gegenüberstand, der naserümpfend auflachte, wenn ein Mitglied des Hochadels Respekt forderte. Sogar das Korn auf dem Halm, die Kartoffeln und Rüben auf dem Acker und die Tiere auf der Weide waren vor fremden Zugriffen nicht mehr sicher. Die westfälischen Adeligen lehnten die Entfaltung der Industrie strikt ab.

Was waren gegen *die* drohenden Schwierigkeiten die Werte einer Frau mit ihren Dramen?
Wozu brauchte man Bilder, Plastiken und rauschende Feste, wenn der Adel sich in seinen Grundfesten vor der unheimlichen Macht, die sich Industrie nannte, verteidigen musste?

Wenn die Adelsherren sich versammelten, um am Problem zu feilen, sprachen sie reichlich dem Trunk zu. Ihre Frauen vermissten sie dabei nicht, die wären ihnen bei ihren Zechereien nur lästig geworden. So war Wanda unglücklich vereinsamt. Sie fühlte sich in einem Albtraum gefangen, dem sie nicht entrinnen konnte. Es gab kein Zurück mehr nach Berlin. Sie war durch die Ehe an ihren Mann gekettet, ihm auf Gedeih und Verderb ausgeliefert und auf auf seine Gnade und Barmherzigkeit angewiesen. In ihrer Ehe lag die Verbesserung oder Verschlechterung ihres eigenen Zustandes in der Hand ihres Mannes. Verzweifelt versuchte sie, sich von ihrem Kummer abzulenken. Mal schwang sie sich in den Sattel eines der herrlichen Reitpferde des Buddenburger Gestüts und ritt mit ihm über Wiesen und Waldwege durch die wunderschöne Landschaft rund um die Buddenburg. Nur der Wind begleitete sie und zerrte an ihrem blonden Haar.

Oder aber sie eilte zum Schießstand, den Udo für sich und seine Herrengesellschaft aufgebaut hatte. Dort übten sich die Herren und gelegentlich auch die Damen im Pistolenschießen. Getränke standen auf den Steintischen bereit, und die kühnsten Wetten wurden abgeschlossen. Deshalb war es nicht ungewöhnlich und fiel nicht sonderlich auf, dass sich auch die junge Herrin von Buddenburg öfter allein zum Schießstand begab, um fleißig das Schießen zu üben. Wanda hatte den festen Anspruch an sich, ihrem Mann in der Ausübung der hoch gefeierten männlichen Ritterlichkeit ebenbürtig zu sein.

Bald konnte sie hervorragend mit Pistole und Jagdgewehr umgehen.

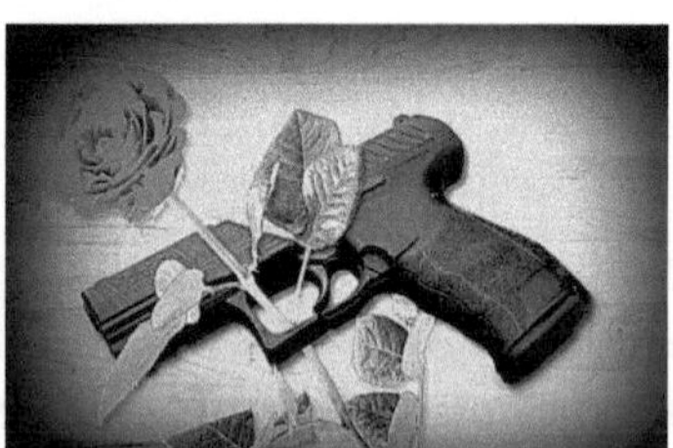

Schloss Buddenburg, von hinten

Wanda erlebte erstmals die Frühjahrsbestellung auf den Feldern nach dem harten Winter. Es kam hin und wieder vor, dass sie Streit mit den Lippholthausener Bauern hatte. Auch mit dem Personal kam es manchmal zu Disputen. Obwohl sich Wanda und ihr Mann zu Beginn ihrer Ehe recht nahestanden, verschlechterte sich ihre Beziehung mit fortschreitender Ehedauer. Speisen wurden nur noch getrennt voneinander eingenommen. Dazu kam, dass nun auch jeder in seinem eigenen Zimmer nächtigte.

Wirtschaftshof Buddenburg

Udo von Rüxleben war bestens mit Baron von Romberg befreundet, der auf Schloss Buldern bei Münster residierte. Er stammte aus der Familie des Freiherrn Giesbert von Romberg (* 20. Juli 1839 im westfälischen Dülmen-Buldern; † 24. November 1897 ebenda), der seine Späße in Münster und Umgebung getrieben haben soll und als historische Vorlage für den 1923 in Stuttgart erschienenen Erfolgsroman *Der tolle Bomberg* von Josef Wincklers diente.
Udo besuchte seinen Freund oft und regelmäßig. Seine Frau ließ er dann allein im Schloss zurück. Wanda konnte das Verhalten ihres Mannes überhaupt nicht einordnen und brachte ihm keineswegs volles Vertrauen entgegen. Sie hatte ihn als charmanten Kavalier kennengelernt, der überall wo er verkehrte, umschwärmt wurde, insbesondere von den Damen. Zweifelnd fragte sie sich, ob an den Gerüchten, ihr Gatte habe ein Verhältnis mit einer Grande Dame, die in der Villa Bonin in Lippholthausen wohnte, etwas Wahres dran sei. Sie befürchtete dies, fühlte sich zutiefst verraten und glaubte, dass ihre Liebe zerbrochen sei. In ihrer betrüblichen Situation schwankte sie zwischen aufkeimender rasender Eifersucht und stiller Hilflosigkeit. Immer wieder besuchte sie den einsamen Platz auf der Lippebrücke und starrte gedankenverloren in das glasklare, schimmernde Wasser des Flusses, als ob von daher die rettende Lösung ihrer Probleme zu erwarten wäre. Das Verweilen auf der Brücke war eine Situation, die sich fast täglich wiederholte; dieser Ankerpunkt gehörte unverrückbar in Wandas Leben, um etwas Kraft zu tanken. Sie suchte in der Klarheit des Gewässers die Antworten auf ihre Fragen. Der Schlossverwalter und Vetter ihres Mannes, Wilhelm von Posseck, Diener Julius und Fräulein Glazik,

auch Wandas Zofe Rosa, beobachteten sie dabei mit großer Sorge, denn mittlerweile war Streit bei den Eheleuten an der Tagesordnung. Heftige Wortkriege wurden bereits sogar in der Öffentlichkeit ausgetragen. Das Personal, das ungewollt immer wieder Zeuge der schrecklichen Dispute wurde, war jedes Mal sehr erschrocken. Nach einem wieder mal in der Öffentlichkeit stattgefundenen Ehestreit reiste Wanda ab. Sie gab an, ihre Freundin in Düsseldorf besuchen zu wollen. Dort kam sie jedoch nie an. Spätere Recherchen ergaben, dass Wanda nach ihrer Rückkehr aus Düsseldorf eine 6,65 Millimeter Browning-Waffe mitbrachte. Seit dem Tag ihres Aufenthaltes in Düsseldorf erschien sie regelmäßig zum Einschießen ihrer Pistole im Schlosspark. Sie wurde mehrfach dabei beobachtet, wie sie aus nächster Nähe einige Schüsse in einen Baum abfeuerte. Etliche Einschusslöcher zeugten davon, dass die Baronin ihr Ziel offensichtlich nicht verfehlt hatte.

Schlosspark 1930 – Foto H. Tarrach, Lünen

Wanda von Rüxleben,
geb. von Strombeck
*12. März 1882

Udo von Rüxleben

*10. Oktober 1873

SG

Die letzten Tage

Es war Mittwoch, der 29. April des Jahres 1908. Die Ehe löste sich immer mehr auf; jeder hatte nun ständig sein eigenes Schlafgemach. Die weiten, riesengroßen Rhododendronbüsche blühten in allen Farben und schmeichelten Udo und Wanda von Rüxleben, die einen gemeinsamen Spaziergang durch den farbenprächtigen Park unternahmen. Erste wilde Orchideen reckten sich zwischen Gräsern der Sonne entgegen. Das Hauspersonal nahm diesen seltenen Anblick des Paares in scheinbarer Verbundenheit mit Verwunderung wahr.

Am nächsten Tag schon zeigte sich, dass der Anschein der Gemeinsamkeit vom Vortag nur ein leerer Schatten gewesen war, ein Nichts.

Donnerstagfrüh kam ein naher Bekannter, der ehemalige Rentmeister und Schlossverwalter Albers in die Buddenburg, um den Baron zu Verhandlungen über den Verkauf einiger hundert Morgen Land zu Eisenbahnbau-zwecken für die neue Strecke Dortmund-Münster abzuholen. Udo von Rüxleben lehnte es ab, an den Verhandlungen teilzunehmen, beauftragte jedoch seinen Vertrauten, ihm über das Ergebnis der Verhandlungen Mitteilung zu machen, was dieser versprach. Daraufhin erhielt er einen Telefonanruf seines Freundes Baron von Romberg, woraufhin er beschloss, spontan nach Buldern abzureisen, um dort an der Ausgrabung eines Fuchs-geheges teilzunehmen. Dieses Treffen war bereits unter den Beteiligten am 27. April im *Römischen Kaiser* in Dortmund abgesprochen worden. Baron von Romberg erwähnte damals das Vorhandensein eines Fuchsgeheges in seinem Revier. Er bedauerte, keinen geeigneten Teckel für die Fuchsjagd zu besitzen. Da Udo von Rüxleben einen solchen hatte, verabredeten die beiden, dass von Romberg den zum Ausgraben geeigneten Tag telefonisch nach Buddenburg melden solle. Nun war es soweit.

Wanda bestand darauf, mit nach Buldern zu fahren. Doch ihr Gatte schlug ihr diesen Wunsch ab, was sie sehr kränkte. Das Mittagessen nahmen die beiden getrennt voneinander ein. Danach suchte die Baronin ihren Mann auf und begann, sich den Kummer der letzten Wochen von der Seele zu reden. Wie so oft kam es zu einem heftigen Wortwechsel. Wanda flehte Udo an, er möge sich endlich mehr um sie kümmern und sie zu den Gesellschaften mitnehmen. Sie erinnerte ihn daran, dass er ihre große Liebe sei und sie ihm deshalb ihre Jugend, ihr ganzes Leben geopfert habe. Sie liebte ihn. Er aber wertete ihre Liebe nicht. Ihre Stimme wurde lauter. Sie stellte ihren Gemahl vor die Alternative: „Wähle! Ich oder dein Herrenkreis. Entscheide dich!“

Der Baron zauderte. Er fühlte das Lachen seiner Kumpane im Nacken. Schließlich entschied er sich für seine Freunde und damit gegen seine Frau. Mit einer harschen Handbewegung erklärte er das Gespräch für beendet und forderte seine Lebensgefährtin auf, den Raum schleunigst zu verlassen. Völlig aufgelöst folgte sie seinen kalten Worten. Der verärgerte Baron gab der schweren Tür einen gewaltigen Stoß, sodass sie krachend ins Schloss fiel. Es gab einen lauten Knall, der durch das ganze Gebäude hallte. Seelisch überaus stark aufgewühlt zog sich die Baronin auf ihr Zimmer zurück.

©SG

Einige Minuten später konnte sie vom Fenster aus beobachten, wie der Baron eilig den freiherrlichen Landauer bestieg und in schnellem Tempo über die Lippebrücke in Richtung Schlossallee verschwand.

Sie starrte wie gebannt hinter ihm her, doch viel zu schnell war er ihren Blicken entschwunden. Nun wusste sie, dass er der Einladung seines Freundes, Baron von Romberg, gefolgt war, um an einer Fuchsjagd teilzunehmen. Er beteiligte sich am Ausnehmen eines Fuchsbaus. Wanda wusste aus Erfahrung, dass solche Aktivitäten jedes Mal mit einem üblen Saufgelage endeten. Wie so oft befürchtete sie, wieder eine der vielen verlorenen und schmerzlich vereinsamten Nächte allein im Schloss verbringen zu müssen. Es verletzte sie zutiefst, dass ihr Gemahl sich für ihre Bedürfnisse überhaupt nicht interessierte und dass er die Unterredung mit ihr längst in den Wind geschlagen hatte.

Eine gewöhnliche Fuchshecke war ihm wichtiger als seine eigene Frau!

Wanda war eifersüchtig auf die Zeit, die Udo anderswo ohne sie verbrachte und fühlte sich als lästiges Anhängsel einer gescheiterten Liebe. Das Schönste, was in einer jungen Ehe ihrer Meinung nach passieren kann, blieb ihr Geheimnis. Sie sah an sich herunter, strich versonnen über ihren Bauch, streichelte das werdende Leben unter ihrem Herzen und fragte sich, ob dieser Mann es überhaupt wert war, dass sie ihm sein Kind gebar.

Ihre düsteren Ahnungen bestätigten sich: Ihr Gatte kam in der Nacht nicht nach Hause. Er ließ sie wie so oft allein in dem großen, weiten Gemäuer, das ihr in der Einsamkeit eiskalt und unheimlich vorkam. Erschöpft von der Situation spürte Wanda die kalte Angst, die sich wie eine Gefängniszelle hart und tief in ihrem Herzen verschloss, Es kam ihr vor, als würde ihre Seele erfrieren.

Das Trinkgelage in Schloss Buldern bei Münster muss sehr lange gedauert haben. Erst am Vormittag des folgenden Tages, es war Freitag und Maifeiertag, traf Udo von Rüxleben auf der Buddenburg ein. Er war vollkommen übernächtigt und benebelt. Wanda empfing ihn nicht wie üblich am Wagen, war ihm also nicht wie sonst entgegengeeilt. Sie wartete diesmal auf der Treppe vor der Eingangstür auf das Kommen ihres Mannes. Kaum, dass er vor ihr stand, machte sie ihm wegen seiner Ausschweifung heftige Vorwürfe. In seinem Zustand traf das Gesagte allerdings völlig ins Leere. Er faselte etwas von Traditionen und Stammesgründen. Dann torkelte und polterte er über den Korridor zu seinem Zimmer am hinteren Ende des Flures, das er seit einiger Zeit als Schlafraum benutzte. Die Tür flog krachend ins Schloss und trennte das Paar mit Wucht. Das Personal wurde nervös und fragte sich verängstigt, was wohl als Nächstes käme. Die Atmosphäre im Schloss war bis zum Zerreißen gespannt. Die zerstrittenen Eheleute nahmen das Mittagsmahl getrennt in ihren Gemächern ein. Der Baron blieb auf seinem Zimmer, um sich von den Strapazen der Fuchsjagd auszuruhen und nahm nicht an dem für gewöhnlich abends um halb fünf stattfindenden Dinner teil. Nachdem er sich zum Schlafen niedergelegt hatte, betrat Wanda das Zimmer, angeblich um zu telefonieren. Er bat sie höflich aber energisch, ihn doch jetzt nicht damit zu stören, da er der Ruhe bedürfe. Das Telefongespräch unterlieb daraufhin und Wanda zog sich zurück.

Wanda dachte über den bevorstehenden Abend nach. Ihr Körper war voller Adrenalin. Sie hatte den neuen Revolver voll durchgeladen und für alle Fälle bereitgelegt.

Mittlerweile hatte der Baron sich einigermaßen von seinem Rausch erholt. Er überlegte sich, dass es besser wäre, seine Mahlzeiten weiterhin ohne seine Gattin einzunehmen, um zunächst mal seine Ruhe zu haben. Durch den Hausdiener ließ er seiner Frau mitteilen, dass die Trennung von Tisch und Bett nun endgültig sei und er sich weitere Schritte für das künftige Leben vorbehalten werde. Nachdem Diener Julius Wanda diese Nachricht überbracht hatte, fragte er sie, wo sie in Zukunft zu speisen gedenke. Sie gab ihm keine Antwort auf diese Frage, nur ein müdes Zeichen, dass er sich entfernen möge.

Verzweiflung

Starr vor Schreck versuchte Wanda, die Schreckensbotschaft zu verarbeiten. Jetzt wollte ihr Mann sie also auch noch loswerden und das außerdem so schnell wie möglich. Eiskalt hatte er sie abserviert und vor dem Personal bloßgestellt. Er verletzte sie aufs Neue und sie fühlte sich zutiefst getroffen.
Langsam erhob sie sich aus ihrem Lehnstuhl. Sie warf sich einen Mantel über und griff, wie von Geisterhand geführt, nach der Waffe, die sie unter ihrem weiten Gewand versteckte. Ihre Schritte führten sie lautlos den Flur entlang, bis sie vor der Tür stand, hinter der sich ihr Gemahl befand, der die Gegenwart ihrer Anwesenheit ablehnte. Die junge Baronin öffnete die Tür und trat ein. Energisch verlangte sie seine Achtung als gleichberechtigte Partnerin. Es dauerte nicht lange und heftige Emotionen kochten hoch. Sie erklärte, das Leben habe für sie jeden Sinn verloren. Auch warnte sie ihn, nicht überheblich zu sein und drohte, dass sie ihn und sich erschießen würde. Eine heftige Auseinandersetzung folgte, bei der beide sich unbeherrscht gegenseitige Schuldzuweisungen und Vorwürfe entgegenschleuderten. Ihre aufgeregten Stimmen schallten laut durch die Hallen des Schlosses.
„Ich warne dich, ich werde mir das nicht mehr länger bieten lassen!“, mahnte die Baronin und stellte ihrem Mann ein Ehe-Ultimatum. Sie verkündete, dass sie, wenn er nicht augenblicklich seinen Lebenswandel ändere, seinem und ihrem Leben ein Ende machen werde.

Daraufhin setzte er ihr auseinander, dass unter solchen Umständen eine Trennung das Richtigere sei. Sie möge sich an ihren Onkel wenden, der gewiss bereit sei, das Nötige zu veranlassen.

Die Lautstärke der Konfrontation rief den Verwalter von Posseck auf den Plan, der hastig ins Zimmer trat. Die Baronin stand vor dem geöffneten Fenster und blickte hinaus in die Weite des Schlossparks, der bezaubernd schön im Abendlicht lag. Doch sie konnte den herrlichen Anblick nicht genießen. Völlig apathisch starrte sie vor sich hin.

Der Baron eröffnete seinem Vetter: „Die Frau dort am Fenster will mich erschießen. Dazu wird es aber nicht kommen."
Sein schallendes Lachen klang verächtlich in den dunklen Raum hinein und drang unheimlich durch das ganze Schloss.
„Wir müssen uns trennen", fuhr er gleichmütig fort. „Sie kann morgen fahren."
Von Posseck warnte den Baron, die Worte seiner Frau nicht in den Wind zu schlagen. Er gab zu bedenken, dass sie im Besitz einer Waffe sei und auch gut mit ihr umgehen könne. Mit hektischen Worten berichtete er von seinen zahlreichen Beobachtungen ihrer sicheren und scharfen Schießkünste im Park.

Udo von Rüxleben brach in dröhnendes, ungläubiges Gelächter aus und feixte: „Die mit einem Schießeisen? Verse machen und liebestolle Geschichten schreiben, das mag sie können. Aber schießen? Dass ich nicht lache!
Sie wird es nicht wagen. Sorge dafür, dass noch heute ihre Koffer gepackt werden und sie morgen früh das Haus verlässt. Ich lasse mir ihre Tollheiten nicht länger gefallen."

Wanda erschrak. Jetzt hatte ihr Mann über ihre Eheprobleme allein entschieden und machte sie eiskalt zu einem Nichts. Sein Urteil war gesprochen, und es stand nun unverrückbar und hart zwischen ihnen.
„Das wirst du mir heute noch büßen“, presste sie hervor. Sie fühlte sich wie abgelegt und spürte, dass sie einfach entsorgt werden sollte. Sie verließ den Raum.

Über diese Äußerungen entsetzt, sagte von Possek; „Udo komm mit auf mein Zimmer.“ Doch der lehnte ab, da er die drohende Gefahr offenbar nicht als ernst ansah. Von Posseck äußerte, ihn unter diesen Umständen nicht allein lassen zu wollen und blieb bei ihm. Der Baron ließ sich gegen 21 Uhr das Abendessen auf sein Zimmer bringen und nahm es in Gemeinschaft mit seinem Vetter ein. Nach einer Weile, zwischen 22 und 22.30 Uhr, forderte Udo ihn auf, ruhig sein Zimmer aufzusuchen und beruhigte ihn mit den Worten, er hoffe, die Sache schon wieder beizulegen. Mit ungutem Gefühl zog von Posseck sich zurück, beobachtete jedoch, da er die schlimmsten Befürchtungen hatte, den Flur zu den Schlafgemächern der Herrschaften.

Als der Baron wieder alleine war, müssen ihn bange Ahnungen überkommen haben. Eilig fasste er den Entschluss, ein Testament zu verfassen. Daraufhin ging er ins Nebenzimmer und nahm an seinem Schreibtisch Platz. Mit allen Förmlichkeiten setzte er sein Testament auf, in dem er seinen jüngeren Bruder Otto als Erben einsetzte. Seine Frau sei ihm in letzter Zeit sehr merkwürdig vorgekommen, schrieb er. Daher sehe er sich veranlasst, Vorsorge zu treffen und seinen Bruder,

Hans Otto Freiherr von Rüxleben, als Erben zu ernennen. Er schrieb noch zwei kurze Briefe an seine Freunde, in denen er notierte: *Man kann nicht wissen, was noch geschieht. Die Frau hat den Teufel in sich.*

Dann legte er die Feder aus der Hand, versiegelte den Brief und und schritt in den Salon. Er beschloss, das Testament sogleich auf das Zimmer seines Vetters am anderen Ende des Korridors zu bringen.

Es ist zugegebenermaßen hart für einen Mann, von seiner Ehefrau zu hören, dass sie ihn erschießen möchte. Trotz aller Warnungen hat Udo sich vehement nicht mit den Sorgen seiner Frau auseinandergesetzt. Er suchte nicht die Schuld bei sich. Es kam ihm überhaupt nicht in den Sinn, dass *er* möglicherweise aus purem Egoismus oder übertriebener Anpassung an die Adelskreise und Freunde, die ihm nicht erlaubten, auf seine Frau einzugehen, sie herausgefordert haben könnte und ihr somit den Grund für diese übersteigerte Aggression selbst lieferte.

Demgegenüber bedeutete eine solch einschneidende Äußerung von Wanda, ihrem Ehemann nach dem Leben zu trachten, einen außerordentlichen Vertrauensbruch, der kaum zu reparieren war, was seinen Wunsch zur Trennung erklärt und nachvollziehbar macht.

Zwei Stunden vor Mitternacht übergab Baron von Rüxleben die von ihm verfassten Schriftstücke an seinen Vetter. Angesichts der Briefe machte der sich große Sorgen, dass der Baron sich etwas antun würde und nahm ihm das ehrenwörtliche Versprechen ab, sich nicht selbst zu töten. Es sollte allerdings das letzte Mal sein, dass er den Baron gesprochen hatte.

Schloss Buddenburg, Innen, 1961 – Foto unbekannt

Der Mord

Wanda hatte sich in ihre Gemächer zurückgezogen. Sie war sehr aufgeregt und zitterte am ganzen Körper. Udos höhnende Worte stachelten sie auf: „Versemacherin! Sie wird es nicht wagen!“ Sein spöttisches Lachen hallte drohend in ihr nach. Er schmetterte ihr doch nur das entgegen, womit seine westfälischen Adelsgenossen ihn beeinflusst hatten. Er war ein beleidigender Egoist und zeigte keinen Willen, zu ihr zu stehen. Er liebte sie eben nicht. Sie aber hatte ihre Freiheit für die Ehe mit ihm geopfert. Aus ihrer Verzweiflung wurde Erbärmlichkeit.

Es war kurz nach Mitternacht, als die Baronin ihren Ehemann ein letztes Mal aufsuchen wollte. Sie glaubte, von Posseck und das Personal seien mittlerweile zu Bett gegangen. Sie fand das Zimmer ihres Mannes am Ende des Ganges leer vor.

Neben dem ehelichen Schlafgemach lag ein Ankleidezimmer mit Bett, Waschtisch und großen Spiegelschränken. Beide Räume waren durch eine Tür miteinander verbunden und jeweils mit einer separaten Tür zum Korridor ausgestattet.

Wanda nutzte die Zeit der Abwesenheit ihres Mannes mit dem Gedanken, ihn nicht vor einem klärenden Gespräch Reißaus nehmen zu lassen, nun dazu, um alle Türen, sogar die zum Klosett, zu verschließen und die Schlüssel zu verstecken. Nur die Tür vom Korridor zum Ankleideraum, der zum gemeinsamen Schlafzimmer, in dem sie seit längerem allein nächtigte, führte, ließ sie unverschlossen. Dann wartete sie auf ihren Gemahl.

Wollte die schöne Wanda ihren Mann doch noch einmal umstimmen, ihn darum bitten, den Beschluss vom Abend, sie am nächsten Tag aus dem Schloss zu weisen, rückgängig zu machen? Auf jeden Fall wollte sie eine Aussprache mit ihm erzwingen.

Udo beabsichtigte, als er von seinem Vetter zurückkehrte, in seine Schlafstube einzutreten. Mit großer Verwunderung stellte er fest, dass die Tür verschlossen war. Er ging von Tür zu Tür und drückte die Klinken herunter, doch keine dieser Türen ließ sich öffnen. Der Baron fühlte sich wie in einem Geisterhaus. Dann drückte er die Klinke der Tür nach unten, die zum Ankleideraum des gemeinsamen Schlafzimmers führte, woraufhin sich diese Tür augenblicklich öffnen ließ. Der Eingang tat sich auf und er betrat den nur schwach beleuchteten Raum. Dort traf er auf seine wartende Frau, die ihn mit bedecktem Revolver empfing. Mit bleichem Gesicht stand sie von Udo abgewandt und versuchte ein weiteres Mal mit ihm über ihre Gefühle zu sprechen. Eindringlich erinnerte sie ihn noch einmal an Berlin, wo er um sie geworben hatte. Sie sei von ihrer Liebe zu ihm geblendet worden und blind dafür gewesen, dass sie nicht den Mann heiratete, der er vorgegeben hatte, zu sein. Stattdessen sei sie mit einem Trunkenbold, Feigling und Schürzenjäger gestraft.

Die zarten Versuche, ein klärendes Gespräch zu führen, steuerten abermals in eine laute Auseinandersetzung zwischen den beiden. Dieser weithin hörbare heftige Disput zu diesem nächtlichen Zeitpunkt, weckte die Bediensteten des Schlosses und ließ sie aus ihren Zimmern stürzen. Das Ehepaar stritt und bekämpfte sich in maßlosen Wortgefechten. Wanda beschimpfte den Baron als einen gemeinen Kerl, auf den sie an einem Unglückstag hereingefallen war. Den westfälischen Adel, insbesondere Udos Freundeskreis, nannte sie eine Clique von dummen Bauern und Monokelträgern. Sie sei stolz, selbst keine Westfälin zu sein. Niemals würde sie die Sklavin eines Mannes werden, der nicht einmal ihr Ideal erreichen könne. Wanda beteuerte, lieber sterben zu wollen, als so weiterzuleben -, und das sofort und auch nicht allein.

Mit ihren Worten hatte sie Udo in grenzenlose Wut gebracht. Er trat auf sie zu und feuerte seinerseits höhnische Beleidigungen auf seine Frau ab. Darüber hinaus versuchte er, die Herabsetzungen seiner Frau durch Handgreiflichkeiten abzuwehren. Von Posseck, der wegen der lauten Schreie wieder herbeigeeilt war und sich bis zu diesem Moment diskret auf dem Flur zurückgehalten hatte, beabsichtigte jetzt einzugreifen. Doch es war zu spät!
Die Baronin hatte ihren Revolver gezogen und aus kürzester Entfernung mehrere Schüsse auf ihren Mann abgefeuert. Die ersten zwei Kugeln trafen seine erhobene Hand. Hatte er diese Hand gegen seine Frau erhoben oder wollte er die Schüsse abwehren?

Von Possek versuchte, Wanda davon abzuhalten, ihren Mann weiter zu verletzen, doch sie ließ sich nicht zurückhalten. Der Baron flüchtete indessen zur Zwischentür, die aus dem Ankleidezimmer ins Schlafzimmer führte, fand diese aber verschlossen. Um zu entkommen, blieb ihm nichts anderes übrig, als sich umzuwenden, und die Korridortür, durch die er hereingekommen war, zu erreichen und den Raum dadurch zu verlassen. In diesem Augenblick, wo er seiner Frau zugekehrt war und sie sich Auge in Auge gegenüberstanden, trafen ihn von vorn zwei Brustschüsse, sowie Schüsse am Armgelenk, Bein... und noch immer richtete sie in ihrer blinden Verzweiflung die Waffe auf ihn und feuerte wie in Trance die todbringende Munition ab. Eine Kugel durchbohrte die Halsschlagader des Barons, dessen Arme kraftlos herabsanken. Es fielen insgesamt sieben Schüsse. Wanda hatte fast das ganze Magazin ihres Brownings leergeschossen. Der Baron, der über große Körperkräfte verfügte, schwankte und durchbrach dann in seiner Todesangst mit letzter verbliebener Kraft die Tür und stürzte blutüberströmt auf den Korridor. Ein Ärmel war aus seinem blutdurchnässten Hemd herausgerissen. Fassungslos rief er seine letzten Worte: „Weiß Gott, Wilhelm, mein Weib hat mich erschossen!"

Sein Cousin konnte den Baron gerade noch auffangen, als er auch schon in seinen Armen sterbend zusammenbrach. Die letzten schlafenden Schlossbewohner, die die lärmende Auseinandersetzung noch nicht geweckt hatte, wurden durch die ohrenzerreißend krachenden Schüsse aufgeschreckt. Die Wirtschafterin und sämtliche Dienstboten eilten nun herbei. Durch die geborstene Tür konnten sie die schöne rasende Frau sehen.

An der Tür des Schlafzimmers stand die Baronin. Den rauchenden Colt hielt sie noch in ihrer kraftlos herabhängenden Hand.

Von Posseck und ein Diener trugen den Schwerverletzten in sein Schlafzimmer zurück und legten ihn auf sein Bett. Der Baron gab nur noch schwache Lebenszeichen von sich. Sein Vetter forderte alle Bediensteten auf, das Zimmer zu verlassen. Gleichzeitig beauftragte er den Kutscher, unverzüglich anzuspannen, im Eiltempo den Arzt, Doktor Flume, aus Lünen herbeizuholen, und der Polizei und dem Gericht in Lünen den Vorfall zu melden. Der Arzt traf eine Stunde nach der Tat ein, doch für ärztliche Hilfe für den Schwerstverletzten war es bereits zu spät. Er konnte nichts mehr für ihn tun. Seinen letzten Atemzug machte der Baron etwa eine viertel Stunde nach der Tat und verstarb um 1.15 Uhr, ohne dass ihm noch ein Wort über die Lippen gekommen wäre.

Udo von Rüxleben war mit 34 Jahren jung und viel zu früh aus dieser Welt geschieden.

Mit leichenblassem und verzerrtem Gesicht fragte die Baronin das Dienstpersonal leise: „Ist der Baron tot?“
Das Dienstmädchen nickte und antwortete ein fast flüsterndes „Ja“.

Wanda drehte sich langsam um. Dann eilte sie in ihr Schlafgemach und schloss die Tür leise hinter sich. Nur wenige Sekunden später schallten wieder zwei Schüsse durch das Schloss. Wanda hatte sie auf sich selbst abgefeuert. Sie waren nicht sogleich tödlich. Rosa Brähmer, die Kammerzofe, die Wanda aus Berlin mitgebracht hatte und die sich stets in ihrer Nähe aufhielt, eilte hastig herbei. Schnell wand sie der Baronin nach kurzer Gegenwehr mit den Worten, „gnädige Frau, was machen Sie?“ die qualmende Waffe aus der Hand und warf sie aus dem weit geöffneten Fenster. Die Baronin saß zusammengesunken auf ihrem Bett, in ihrem eigenen Blut, und wirkte geistesabwesend. Weinend machte sie dem Mädchen, das sich im Beisein des Arztes um sie bemühte, den Vorwurf: „Rosa, warum hast du mir den Revolver entrissen? Du bist schuld, dass ich noch so unsäglich leiden muss.“
Immer wieder flüsterte sie: „Rosa, warum hast du das getan? Warum nur hast du mich am letzten Schuss gehindert?“

Nach eingehender Untersuchung stellte Doktor Flume bei der Baronin lebensgefährliche Verletzungen fest. Eine Kugel hatte die Leber, die zweite den Magen durchschlagen. Er traf die Vorhersage, dass sie innerlich verbluten und nicht mehr lange leben würde. Wahrscheinlich würde sie schon den Sonnabend nicht mehr überleben, befürchtete er.

Wanda war bei völlig klarem Verstand. Auf Befragen des Mediziners nach den Gründen ihrer Tat, schwieg sie verbissen und beschloss, ihr Tatmotiv ungenannt mit sich aus dieser Welt zu nehmen. Hart gegen sich selbst unterdrückte sie jede Regung des Schmerzes. Wie sie so in ihrem Bett lag und still vor sich hin litt, bat sie von Posseck um Verzeihung für ihre Tat, mit der sie ihm seinen Cousin nahm.

Noch lange hatte sie bei vollem Bewusstsein gelegen und schlimme Anklagen gegen sich selbst gerichtet. Sie beteuerte, ihren Mann sehr geliebt zu haben. Doch auch sie wollte von ihm anerkannt, wegen sich selbst geliebt und gebraucht werden. Diesen Sinn des Lebens hatte sie an der Seite ihres Mannes vermisst.

Zum blutigen Ende

Am nächsten Tag, es war Samstag, der 2. Mai 1908 gegen 11.00 Uhr vormittags, begab sich die Gerichtskommission zum Tatort. Es kamen die Herren Staatsanwalt Dr. Wiehen, Untersuchungsrichter Plöger, Landrichter aus Dortmund, die Polizei und Mordkommission aus Dortmund in das Schloss Buddenburg. Amtmann Bonnermann und Polizeikommissar Schübbe aus Eving nahmen die Hausdurchsuchung vor. Sie fanden das Testament des Erschossenen und waren verblüfft, als sie feststellten, dass der Brief eigentümlicherweise erst kurz vor der Katastrophe datiert auf den 2. Mai 1908 war, also in der Mordnacht von Freitag auf Samstag, nach Mitternacht und unmittelbar vor dem Mord geschrieben worden sein musste. Nach ihren Feststellungen nahmen sie an, dass die unglücksselige Frau mit voller Überlegung und nach einem sicheren Plan handelte. Sämtliche Türen bis auf die zu ihrem Ankleideraum hatte sie verschlossen und die Schlüssel beiseitegeschafft, sodass ihrem Mann ein Entkommen unmöglich war.
Das Personal befand sich in großer Aufregung, sodass es schwer für die Ermittler war, sachliche Angaben zu ergründen. *Man ist im Schloss vollständig kopflos*, notierten sie. Den sechsläufigen Revolver fanden sie fast vollständig ausgeschossen vor dem Schloss. Nachdem alle Tatbestandsmerkmale aufgenommen worden waren, befragten sie die Baronin, die leidend und blass in ihrem Bett lag. Zu den Beweggründen für ihre Tat äußerte sie sich allerdings auch dieses Mal nicht. Aus diesem Grund fehlt im polizeilichen Protokoll bis heute das Tatmotiv. Die Dokumentation von Hergang und Ablauf dieses schrecklichen Geschehens setzte sich aus den Zeugenaussagen zusammen.

Ein Schuss war durch den linken Oberschenkel des Barons gegangen. Die Kugel hatte eine so gewaltige Durchschlagskraft, dass sie zwei Zimmertüren glatt durchschlug.
Die Untersuchungskommission erkannte anhand der Anzahl der Geschosse und der Richtung, aus der die Schüsse abgegeben wurden, dass die Baronin in höchster Erregung geschossen haben musste. Da sie als äußerst schießtüchtige Frau galt, hätte sie bei kühler Überlegung gewiss mit der Sicherheit geschossen, die ihr sonst zu eigen gewesen war. In dem Fall hätte sie präziser getroffen. Im abschließenden Untersuchungsbericht ist vermerkt, dass erst der siebente Schuss tödlich war. Dieser hatte die Halsschlagader des Barons zerfetzt. Nach Angaben von Doktor Flume und dem Gerichtsarzt war diese schwerste Verletzung die Todesursache.

Amtmann von Lünen (Stadtarchiv)

Draußen war Frühling. Die Sonne schien, Stare pfiffen, Lerchen jubilierten, Bienen summten. Schwer und süß wehte der Duft des Flieders durchs geöffnete Fenster hinein. Die Baronin äußerte den Wunsch, noch einmal den im ersten Frühlingsschmuck prangenden Park sehen zu dürfen, was ihr aufgrund ihres kritischen Zustandes aber abgeschlagen wurde.

Wanda lag im Sterben. Der herbeigeholte Pfarrer Frey konnte nur kurz mit der Unglücklichen, die unter unsäglichen Schmerzen litt, sprechen. Ihrem eigenen Ende nah, vertraute Wanda sich ihm schließlich an. Sie gestand, dass sie ein Kind im 4. Monat erwartete und ihre Tat bitter bereute, die sie allerdings schon vor längerer Zeit geplant hatte. Der Baron habe weder Respekt vor ihr gezeigt, noch hätte er jemals Rücksicht auf das gemeinsame Kind genommen, geschweige denn, dass er Reue für sein Verhalten empfand. Deshalb habe sie den Entschluss gefasst, den unhaltbaren Zuständen gewaltsam ein Ende zu setzen.

Dennoch habe sie ihren Mann sehr geliebt; nur weil er von Trennung gesprochen hatte, und weil eine andere ihn nie besitzen sollte, habe sie ihn erschossen.

Wanda war bis zum letzten Augenblick ihres Lebens bei vollem Bewusstsein. Es schien auf einmal, als umspiele ein schwaches Lächeln ihre blassen Lippen. Sie fühlte sich als Siegerin über den westfälischen Adel. Denn zuletzt hätte sie ihren Mann mit sich mitgenommen und sie würden endlich im Tode miteinander vereint sein.

Ein Mythos machte sie nun beide unsterblich.

Es war gegen Mitternacht, etwa vierundzwanzig Stunden nach der Tat, als Wanda Freifrau von Rüxleben, geb. von Strombeck, sechsundzwanzigjährig, in der Nacht zum Sonntag ihren Verletzungen erlag und ihrem Ehemann in den Tod folgte.

Die Liebe, die weiterleben wollte, ihr ungeborenes Kind, war mit ihr gestorben. Der Tod hatte sie alle zusammen in seine Arme genommen.

Bis in die Ewigkeit

Eine erschütternde Kunde ereilte am Frühjahrsmorgen des 3. Mai 1908 die Gegend um Lippholthausen und verbreitete sich rasend schnell landesweit wie ein Lauffeuer: „Der Buddenburg-Mord“.

Diese tragische Geschichte ging damals durch sämtliche Journale landesweit.

Für den 2. Mai war der getötete Baron zu einer Sitzung des Sportvereins in Dortmund geladen; als er morgens nicht zum Termin erschien, fragte man im Schloss nach und erfuhr von Entsetzen erfüllt das traurige Ereignis.

Die schreckliche Tat traf beide Familien wie ein schwerer Keulenschlag. Freunde und Bekannte, auch der Freundeskreis der Baronin in Berlin und in Mitteldeutschland, konnten die Tat der jungen, lebensfrohen Frau nicht begreifen.

In dem herrlichen Park von Schloss Buddenburg trieb der Mai neue Knospen und Blüten. Die Natur erwachte zu neuem Leben. Doch zwei Menschen wurden durch ein tragisches Geschick mitten aus dem Leben gerissen. Kurz war ihr Dasein, viel kürzer ihr Eheglück.

Das von einer blütenreichen Umgebung eingeschlossene Schloss war über Nacht in eine düstere Trauerhalle umgewandelt worden. Der Leichnam des Barons wurde am Tag nach dem Mord im großen Salon, der sich auf der rechten Seite des Schlosses befand, aufgebahrt.

Die Totenbahre für die sterblichen Überreste der Baronin stand zunächst im Torhaus. Ihrem Wunsch, wenigstens im Tode mit ihrem Mann vereint zu sein und neben ihm aufgebahrt und bestattet zu werden, entsprach die Familie von Rüxleben nicht. Die Tote sollte nur möglichst diskret entfernt werden. Noch am Nachmittag des gleichen Tages wurde sie in die Leichenhalle des Kommunalfriedhofs Dortmund überführt.

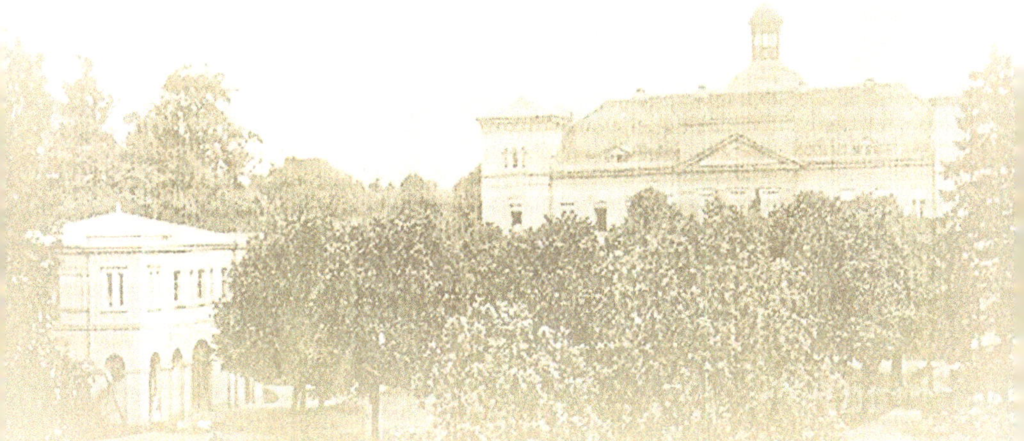

Unter den Familiennachrichten der Kreuzzeitung finden sich unmittelbar nebeneinander die folgenden Todesanzeigen:

Statt jeder besonderen Anzeige.

Gestern wurde mir mein innigstgeliebter ältester Sohn

Udo Freiherr von Rüxleben

Herr auf Buddenburg, Wilbringen und Ober-Massen,

unser guter Bruder, Neffe, Schwager und Onkel,

im Alter von 34 Jahren, durch einen jähen Tod –

er wurde erschossen – entrissen.

Buddenburg bei Lünen in Westfalen, den 2. Mai 1908.

Im Namen der trauernden Hinterbliebenen

die tiefgebeugte Mutter

Hedwig Freifrau von Rüxleben

geb. Freiin von Frydag.

Die Beisetzung findet am Dienstag nachmittags um

3 Uhr, zu Buddenburg statt.

Statt besonderer Meldung.

Am 02. Mai 1908, abends entschlief sanft unsere

heißgeliebte Tochter, Schwester und Schwägerin

Wanda Freifrau von Rüxleben,

geb. von Strombeck,

im Alter von 26 Jahren.

Im Namen der tieftrauernden Hinterbliebenen

Micheline von Strombeck,

geb. von Lucenski.

Berlin, Mainstr. 21

Der Familienfriedhof derer von Buddenburg

Zahlreiche Beileidsbekundungen gingen persönlich, brieflich und telefonisch auf der Buddenburg ein, unter anderem kondolierten die Fürstenhäuser Schwarzburg-Rudolstadt und Schwarzburg-Sondershausen.

Die letzte Szene des Buddenburger Dramas war die Beerdigung des Barons von Rüxleben am 5. Mai. Am Nachmittag fand im Schloss eine Trauerfeier statt. Sie wurde vom evangelischen Pfarrer Frey aus Lünen abgehalten. Aus der näheren und weiteren Umgebung hatten sich tausende von Menschen eingefunden. Sie strömten zu Fuß, zu Pferd und im Wagen von allen Seiten herbei. Der Himmel war düster, als das Trauergefolge im Schlosshof zusammenkam. Es waren mehrere Vertreter des Berliner Militärs, Mitglieder der westfälischen Adelshäuser und einige Mitglieder der Gemeindevertretung zugegen. Die gebrochene, betagte Mutter des Verstorbenen wurde, auf ihre beiden Söhne gestützt, in den Trauersaal, der von mattem Licht erleuchtet war, geführt. Der Sarg des Barons stand unter kostbarsten Kränzen und herrlichen Blumen-Arrangements, die von Bekannten und Freunden gewidmet waren. Pfarrer Frey hielt eine ergreifende Predigt, der er den Bibelspruch zugrunde legte: „Wachet, denn Ihr wisst nicht, welche Stunde der Herr kommt.“ (Matthäus 24.42)

Er sprach: „Es ist der Schluss des Trauerspiels, das die Trauergemeinde zusammenführt. Unermessliches Leid und Kummer ist gekommen über von allen geachtete Menschenkinder. Vergeblich sucht man nach Gründen, man findet sie kaum, um sagen zu können, es musste so kommen, wie es gekommen ist.“

Er fuhr fort: „Als ich in den letzten Stunden bei der Urheberin dieses traurigen Ereignisses war, empfand sie bittere Reue. Vor ihrem Auge stand ihre Hochzeit. Mit Wehmut erinnerte sie sich des Bibelspruches an ihrem Hochzeitstag: *Und wenn ich mit Menschen- und Engelszungen redete und hätte die Liebe nicht, so wäre ich ein tönend' Erz oder eine klingende Schelle.*
Der Bibelspruch aus dem 13. Kapitel des 1. Korintherbriefes des Paulus von Tarsus ist aus dem *Hohelied der Liebe* und somit ein Hymne an die Liebe, wobei die Liebe erst in Kapitel 13.4 bis 8a beschrieben wird mit: „*Die Liebe ist langmütig*" bis zu „*Die Liebe vergeht niemals*", und in Kapitel 13.13: „*die Liebe ist die größte*".
Unter diesem Eindruck des Bibelspruches plötzlich erwacht, hatte Wanda dem Pfarrer gegenüber eingestanden, ihrem Gemahl demnach nicht die rechte Liebe entgegengebracht zu haben, was sie tief bereute. Doch leider war es zu spät. „So denkt vorher darüber nach, wie die rechte Liebe ist, bevor Ihr bereut, was später zu spät sein könnte."

Der Pfarrer pries die Herzensgüte des verstorbenen Barons. In diesem Moment blickten die Untergebenen auf und nickten bejahend zu seinen Worten. Manchem, der dem Baron im Leben nähergestanden hatte, rollten die Tränen über die Wangen. Der Pfarrer schloss seine Rede mit einem Gebet und dem Segen. Danach trugen sie den Sarg unter Blumen und Kränzen hinaus. Die tiefgebeugte Mutter des unglücklichen Barons wollte sich von dem Leichnam ihres Sohnes nicht trennen und brach in lautes Wehklagen aus. Das Leid um den Verlust ihres Kindes hatte sie überwältigt. Noch gestützt auf die Arme

ihrer beiden anderen Söhne brach sie weinend zusammen und rief dem Sarg hinterher: „Mein Udo! Verlass mich nicht!"
Der Himmel weinte mit. Draußen setzte in diesem Augenblick ein böses Unwetter ein. Blitze durchzuckten die Luft, Sturm peitschte den Regen und der Donner grollte. Das heftige Gewitter und die starken Wassermassen, die nach der Seelenmesse niedergingen, überschwemmten den Weg zum Friedhof, der nicht passierbar war. Als zwei geschlagene Stunden später die Wassermassen endlich abgeflossen waren, strömten die Trauergäste aus dem Portal von Buddenburg. Die Kränze mit den edlen zur Erde wallenden Schleifen wurden gebracht. Sechs Männer trugen die schwere Last des Holzsarges. Nur schwerlich brachten sie ihn die Schlosstreppe herunter. Die Türen des Totenwagens verursachten beim Öffnen unheimliche Geräusche, die manch einen der Anwesenden erschaudern ließen. Der Sarg rollte in den Verschlag. Udo von Rüxleben trat seine letzte Fahrt an, als der Trauerzug sich in Bewegung setzte.
Vor dem Leichenwagen schritt die Abordnung des Halberstädter Kürassier Regiments. Dann folgte der Wagen mit den im grauen Schmuddelwetter hell leuchtenden Kränzen, dahinter gingen die Verwandten und die anderen Trauernden. Der Weg führte über die Lippebrücke hinweg zur Schlossallee. Nach einiger Zeit bog er seitwärts ab und führte durch verschlungene Pfade, die von dunklen Fichten und Tannen eingesäumt waren. Die Trauernden formierten sich, sodass nur zwei Personen nebeneinander gingen. In den engen Laubengängen kam die Trauergesellschaft nur beschwerlich vorwärts. Neben den Vertretern des westfälischen Adels

und des Militärs gaben Verwandte und Freunde, Lippholthausener und auch Lüner Bürger dem Baron das letzte Geleit. Inmitten des Waldes unter rauschenden Zweigen, dort, wo schon die Familienmitglieder derer von Frydag zu Buddenburg bestattet waren, sollte nun auch Udo von Rüxlebens letzte Ruhestätte sein. Ein weißes Marmordenkmal kündigte den Trauernden die Stätte des Friedens an. Vorn auf der Säule war das Frydag`sche Wappen mit den drei Ringen eingemeißelt.

An der Seite waren die Worte eingemeißelt: *Tod ist nicht tot, nur Übergang zum Leben!*

Der Leichenzug hielt an. Der Begräbnisort auf dem Familienfriedhof *Im Murd* hatte seinen Platz unter mächtigen Buchen, die an Sommertagen angenehmen Schatten spendeten. Männer hoben den Sarg des jungen Schlossherrn aus dem Wagen und trugen ihn hinaus, um ihn an der Seite seines Patenonkels, des Freiherrn Udo von Frydag, beizusetzen. Als man fünf Jahre zuvor diesen Schlossherrn zur letzten Ruhestätte begleitete, war auch Udo von Rüxleben im Leichenzug. Wer hätte geahnt, dass die Familiengruft sich in diesen schönen Maientagen öffnen würde und er so bald und so jung seinem Onkel ins Grab folgen würde?

Der Sarg wurde hinabgelassen und die ersten Erdschollen rollten in das Grab. Der Geistliche sprach nochmal den Hinterbliebenen mit warmen Worten Trost zu. Einer nach dem anderen trat an die Gruft und warf noch einen letzten Blick auf den Sarg, auf den noch als Abschiedsgruß manche Blüten fielen. Von Ansprachen am Grab hatte man angesichts der unfassbaren Sprachlosigkeit wegen der Bluttat abgesehen und stattdessen nur kurze Gebete gesprochen. Dann schloss sich das Grab über dem Baron.

Bei den Trauerfeierlichkeiten wurden, vor allem bei den Lippholthausener Einwohnern, Stimmen laut, dass nicht die schöne Wanda schuldig gewesen sei, sondern der, der nun zu Grabe getragen worden war.

Nach der Bestattung begaben die Gäste sich zum Trauermahl ins Schloss zurück. Man tauschte sich über zahlreiche Erinnerungen aus. Dabei kam es zu rührenden Begegnungen. Der verstorbene Baron von Rüxleben hatte gegenüber seinen Angestellten ein gutes Herz und galt als großzügig. In einem Brief, den er an den Sohn des ehemaligen Rentmeisters Albers zu dessen Konfirmation schrieb, beglückwünschte er den Jungen und bedachte ihn mit den wohlwollenden Worten, er möge stets ordentlich sein und dahin streben, ein aufrechter Mensch zu werden. Er schenkte ihm eine silberne Uhr zum Andenken an den verstorbenen Baron von Frydag, dem sein Vater jahrelang seine Dienste geleistet hatte. Nun war auch Baron von Rüxleben nicht mehr am Leben und der weinende Junge trug die Uhr, die für ihn ein besonderes, unvergessliches Stück der Erinnerung war.

Bald danach brachen die Gäste auf und verliefen sich durch Wiesen, Felder und Wälder nach Hause. Die letzten Pferdekutschen verließen den Schlosshof und der Parkwächter ließ noch die letzten Trauernden hinaus. Über den hohen Wipfeln der Buddenburger Bäume herrschte Ruhe, nur den Fluss hörte man leise rauschen. Es war, als erzählte er von vergangenen, glücklicheren Tagen. Die Brücke, auf der Wanda so oft stand, war leer. Es war still geworden um Schloss Buddenburg.

Die Baronin wurde zunächst nach Berlin überführt. Später bestattete man sie in der Familiengruft einer befreundeten Familie der Mutter auf dem Friedhof in Melle, bei Hannover. Um das Schloss und mit ihm um die Bauernschaft in Lippholthausen war mit einem Mal so etwas wie Totenstille eingekehrt. Nur der Wind brach sich dann und wann an dem dicken Gemäuer der Buddenburg und pfiff sein vergangenes Lied weiter durch die hohen Baumwipfel.

Nur selten sah man an den Tagen nach dem Mord neugierige Menschen am Eingang der Schlossallee stehen. Die Leute schienen die Umgebung zu meiden. Jene, die sich doch in die Nähe des Schlosses wagten, richteten einen zaghaften Blick zum Schloss, um schnell wieder ihrer Wege zu gehen. Einige von ihnen sahen den Geist des toten Schlossherrn durch das zunächst leerstehende Schloss irren.
Man erinnerte sich wieder an den Geist des alten Grenzsteinträgers, der am gleichen Ort gespenstig wahrgenommen wurde, da er Jahrhunderte zuvor keine Ruhe fand und der Legende nach zur Strafe um die Buddenburg geistern musste, weil er verbotenerweise Grenzsteine versetzt hatte.

Dieser alte Adelssitz war reich an historischen
Erinnerungen. Nun kam noch die Geschichte
einer tödlichen Liebe dazu.

Wie ein Kristall
wuchs Schloss Buddenburg
aus den Lippewiesen hervor.

Hinterlassenschaften

Auf dem Sterbebett vermachte die Baronin von Rüxleben ihrer Kammerzofe und Freundin Rosa den gesamten, wertvollen Familienschmuck, auch den der Frydags. Vergeblich versuchten die Buddenburger Erben, die Rechtmäßigkeit der Aufteilung vor Gericht anzufechten. Das Testament war formgerecht abgefasst und konnte in keiner Weise angefochten werden. Bei den letzten beiden Frydags bestand ein doppeltes Verwandtschaftsverhältnis. Udo von Frydag heiratete Margarete von Rüxleben aus Rottleben und ihr Bruder Otto heiratete Hedwig Auguste von Frydag zu Buddenburg. Beide hatten ein starkes Interesse, den Familienschmuck zurückzuerhalten. Otto von Rüxleben, neuer Besitzer der Buddenburg, dessen Mutter Hedwig Auguste von Rüxleben, geb. von Frydag zu Buddenburg war, versuchte, wenigstens einen Teil des wertvollen Schmucks zurückzukaufen.

Ein großer Verwandtenkreis war durch das entsetzliche Drama in Mitleidenschaft gezogen. Die alte Mutter starb bald nach dem gewaltsamen Ende ihres ältesten Sohnes vor Gram und Leid. Der jüngste Sohn Walther und der zweitälteste Sohn Otto trauerten um ihren Bruder. Dem letzten Willen des verstorbenen Barons entsprechend, ging das Erbe und somit das glanzvolle Schloss Buddenburg an seinen nächstjüngeren Bruder, den Leutnant Hans Otto Freiherr von Rüxleben über. Er entstammte wie sein verstorbener Bruder Udo aus dem Adelshaus Rottleben in Thüringen. Mit den Fürsten von Schaumburg-Lippe pflegte Otto eine rege Gesellschaft.

Sie zogen Künstler, wie den Sohn des Komponisten Johann Sebastian Bach und Wissenschaftler wie Herder an ihren Hof. Otto von Rüxleben war ein exzellenter Tänzer und Vortänzer bei Hofe. Dort hatte er beim Tanz die siebzehnjährige Franziska Freiin von Rechenberg kennengelernt, die von einem Adelssitz in Lübben, bei Bückeburg, in der Nähe von Meißen, stammte und die wie er leidenschaftlich gern tanzte. Eine weitere gemeinsame Leidenschaft, die beide verband, war das Tennisspielen, wobei sie als Linkshänder sehr gefürchtet waren. Mit 19 Jahren heiratete Franziska Otto von Rüxleben. Zum Zeitpunkt des Buddenburg-Mordes lebten sie gerade glücklich und zufrieden in ihrer hübschen Wohnung und erwarteten das 2. gemeinsame Kind. Otto diente als Zweitgeborener bei den 7. Jägern als Offizier in Bückeburg.

Durch Udos Testament erbte nun Otto die Buddenburg, sodass er dem jüngsten Bruder Walther den thüringischen Familienbesitz Schloss Rottleben mit dem Barbarossaleuchter überließ. Vor ein paar Monaten war er noch in Berlin Trauzeuge bei der Hochzeit seines Bruders gewesen, und nun erbte er dessen Besitz. Schon bald nahm er seinen militärischen Abschied und wurde Burgherr über Buddenburg. Sein neues Schloss war ihm von Beginn an vertraut. Seit seiner Kindheit war er oft bei seinem Onkel Udo und später bei seinem Bruder zu Besuch gewesen. Im Jahr 1905 war die Buddenburg Geburtsort der ältesten Tochter Ingeborg. Noch im Mai 1908 zog er mit seiner Familie in das neue Heim ein. Das Herrenhaus war komplett eingerichtet. Die individuell gestalteten Zimmer strahlten ein harmonisch historisches Ambiente aus. Kurz nachdem Otto mit seiner Familie Einzug gehalten hatte, wurde Christa in der Buddenburg geboren. 1912 kam dort Sohn Hans und als letzter, im Jahre 1914, Sohn Udo zur Welt. Der Jüngste wurde im Schloss Buddenburg geboren, als es nicht mehr im Besitz seines Vaters war.

Nach seinem Einzug ins neue Heim wurde Otto Gemeindevorsteher und übernahm von seinem verstorbenen Bruder die Verwaltung der Gemeinde Lippholthausen im Landkreis Dortmund (heute zu Lünen gehörend). Seine Amtsgeschäfte tätigte er fortan zur Zufriedenheit der Lippholthausener Bürger. Für Franziska, die neue Herrin auf Buddenburg, begann nach dem großen Leid der Familie eine sehr schwere Zeit. Ihr starker Wille, sich in einem großen Landhaushalt zurechtzufinden, ihre Intelligenz und die Begabung, auch mit schwierigen Charakteren zurechtzukommen, waren neben ihrer religiösen Kraftquelle eine Hilfe, um sämtlichen Widernissen entgegenzustehen und standhaft zu bleiben.

Schloss Buddenburg, von Südosten, um 1910 – Foto unbekannt

Glückloses Erbe, oder: Wie die Stadt Lünen zu dem Schloss kam

Der landwirtschaftliche Betrieb von Buddenburg war nicht aufrecht zu erhalten. Der Schuldenberg, den seine Vorgänger angehäuft hatten, war zu hoch. Der drohenden Enteignung einer großen landwirtschaftlichen Fläche konnte Otto von Rüxleben sich nur dadurch entziehen, indem er etwa fünfhundert Morgen Land des ehemaligen Gutes Wilbring an den Kanalfiskus verkaufte. Weitere dreihundert Morgen Land veräußerte er an die Zechengesellschaften und die Städte Lünen und Waltrop. Hierbei kam es zu gerichtlichen Prozessen, die er verlor. Zu allem Übel musste er erleben, wie die ungehemmte Industrialisierung durch Abwässereinleitung in den Fluss aus der Lippe eine Kloake machte. Otto besaß die Fischereirechte, konnte diese aber nicht nutzen, weil giftige Abwässer dazu führten, dass die Fische ausstarben und der einstmalige Fischreichtum stark dezimiert wurde. Der Lippefluss war verschmutzt und stank zeitweise bestialisch, dass es kaum zu ertragen war. Dennoch war Otto von Rüxleben bei seinem Prozess gegen die Interessenvertreter der Industrie der Unterlegene.

Otto kam im Jahre 1913 über die Familien Mallinckrodt und von Droste zu Hülshoff an das Schloss Hamborn in Paderborn. Es war ein stattlicher Gutsbetrieb, doch das Herrenhaus war ziemlich heruntergekommen. Weil die Lebensbedingungen in Buddenburg zusehends schlechter wurden, blieb Otto von Rüxleben nichts anderes übrig, als diesen Besitz mit dem Restgut von siebenhundertdreiundfünfzig Morgen Grund zu verkaufen.

Mit dem Erlös für die Buddenburg plante Otto, das idyllisch gelegene Herrenhaus in Hamborn zu restaurieren, damit er mit seiner Familie dort einziehen und endlich ohne den ständigen Ärger, den er durch die Industrie erfuhr, gut leben konnte. Die Jahre, die das Lippholthausener Schloss sich im Besitz der adeligen Familie befand, waren nun gezählt. Nach reiflichen Überlegungen und zahlreichen Gesprächen mit seiner Gemahlin war Otto endlich dazu bereit das, ihm seit seiner Kindheit vertraute, Schloss Buddenburg zu verkaufen. Nach seiner Entscheidung, die ihm nicht leichtgefallen sein mag, gingen drei Kaufangebote bei ihm ein: Die Stadt Lünen, vertreten durch den 1. Bürgermeister Ernst Becker, bot zunächst 1,5 Mio. Mark. Die Zechengesellschaften boten in gleicher Höhe mit. Es gab sogar ein Angebot aus dem Hause derer von Frydag. Das fiel allerdings mit nur 1 Mio. Mark geringer aus als die übrigen Offerten. Otto von Rüxleben benötigte aber viel Geld, um sein neues Heim zu restaurieren. Schließlich erhöhte die Stadt Lünen ihr Angebot, und man einigte sich auf 1,7 Mio. Mark. Nachdem er das Schloss an die Stadt verkauft hatte, blieb Otto zunächst weiter in der Buddenburg wohnen. Während der Kaufverhandlungen über den Buddenburger Besitz liefen außerdem auf höchster Ebene Verhandlungen für die Ausgemeindung Lippholthausens aus dem Landkreis Dortmund und zur Eingemeindung in die Stadt Lünen. Otto behielt bis zu dem Zeitpunkt der Eingemeindung nach Lünen das Amt des Gemeindevorstehers der Gemeinde Lippholthausen im Amte Eving. Bis zu dem Zeitpunkt räumte die Stadt Lünen ihm ein Wohnrecht in der Buddenburg ein. So kam es, dass sein jüngster Sohn Udo im Schloss Buddenburg das Licht der Welt erblickte, als es schon

nicht mehr im Besitz seines Vaters war. Nach vollzogener Eingemeindung zog Otto von Rüxleben mit seiner Familie und Fräulein Glazik nach Hamborn. Die Vereinbarung im Kaufvertrag mit der Stadt Lünen hatte ihm genehmigt, alle beweglichen Teile aus der Buddenburg mitzunehmen, was er auch weitestgehend in Anspruch nahm. Er transportierte den Familienbesitz an Möbeln mit dreiundzwanzig großen Möbelwagen nach Hamborn zu seinem neuen Domizil. Es waren viele Schätze der Familie von Frydag darunter, wie zum Beispiel eine wertvolle Gemäldesammlung, englische Originalkupferstiche und verschiedene Tiefdrucke, auf denen auch die alte Buddenburg zu sehen war. Nicht alle der teuren Wertgegenstände fanden Platz in dem Hamborner Domizil, weil das neue Herrenhaus wesentlich kleiner als Schloss Buddenburg war. Einige seiner Kostbarkeiten bot Otto zum Verkauf an. Der findige Dortmunder Antiquitätenhändler Bruno Bendix kaufte fast alles für seine eigene Sammlung auf.
Auch das Schlossarchiv ging an Bendix, der die Stadt Lünen mit der Höhe seines Gebotes für das gesamte Schlossarchiv aus dem Rennen warf. Er verkaufte es in Teilen an die umliegenden Stadtarchive Lünen, Dortmund, Kamen und Unna. Auch andere Adelshäuser erwarben Urkunden, die sie für ihre Privatarchive benötigten. So wurde das Buddenburger Schlossarchiv durch Bendix` Verkäufe in alle Winde verstreut. Allein die im Archiv enthaltenen Verwaltungsakten der Gemeinde musste Bruno Bendix der Stadt Lünen aushändigen.
Das Erbe seines Bruders hatte Otto von Rüxleben kein Glück gebracht. Still lag es nun da, das Schloss, dem man nicht ansah, welche Tragödie sich in ihm abgespielt hat.

Otto von Rüxleben baute den heutigen Nordflügel mit Saal und einen zweiten Turm an. Den Eingang des Hamborner Schlosses verlegte er in den neu gebauten Westteil. Der bisherige Eingang wurde zum separaten Eingang in den Keller, wo heute die Küche ist. Otto, der leidenschaftlich gern auf die Pirsch ging, fand um Hamborn die beste Region für die Jagd vor. Anders als in Buddenburg war die Natur um Schloss Hamborn noch intakt. Das Leben auf dem neuen Hof war ein El Dorado für die Kinder. In der Schlosskapelle *Heilige Seel* richtete ihr Vater eine Turnhalle ein, wo sie nach Herzenslust toben und spielen konnten. Vor dem Ulmenhaus stand eine riesige Ulme. Ringsherum war ein geräumig großer Sandkasten angelegt worden. Am Schlosshang wuchsen köstliche Himbeeren, Brombeeren, Erdbeeren, Waldbeeren, Kirschen, und an den Wegesrändern wuchsen noch viel mehr Obstbäume. Oft begleiteten die Kleinen die Wirtschafterin Fräulein Glazik und halfen bei der Ernte mit. Es gab so viele Früchte, dass die Familie sie gar nicht alle allein verbrauchen konnte. Eine Paderborner Marmeladenfabrik ließ am Schloss reichlich ernten. Auf dem Hof gab es Kühe, Schweine und Ackerpferde. Letztere wurden später, zu der Zeit während des Krieges, eingezogen. Otto von Rüxleben ließ vierhundert Morgen Land bewirtschaften. Die Erträge reichten aus, dass die Familie und die fünfzehn Bediensteten im Krieg keine Not zu leiden hatten. Auch der Holzverkauf brachte gutes Geld ein. Freiherr von Rüxleben war ein großzügiger Mensch. Der Borchener Pfarrgemeinde schenkte er überaus erlesene, wertvolle Kunstgegenstände aus der *Heilige Seel Kapelle*.

Im Ulmenhaus befand sich die Wagenremise, in der die Autos Platz fanden. Der Gärtner und der Hausdiener dienten dem Baron abwechselnd als Chauffeur. Das Fremdenhaus war das eigentliche Gästehaus. Da die Gäste aber lieber im Schloss residierten, war es das Reich der Kinder, die dort Fangen und Verstecken spielten. Sie tanzten dem Förster, der seine Wohnung im Erdgeschoss hatte, sozusagen auf dem Kopf herum, so dass er glaubte, flinke Ratten seien im Hause unterwegs.
Das Baronenpaar hatte ständig Gäste. Manche von ihnen blieben sogar ein halbes Jahr, wie zum Beispiel die Lernköche aus der Schlossküche. Im Turmzimmer hatte Otto die Bibliothek und den Leseraum eingerichtet. Es gab den großen und den kleinen Esssaal, den Speisesaal, der per Aufzug von der Küche versorgt wurde, und den Salon der Baronin. In der ersten Etage war eine große Tischtennisplatte aufgebaut. Dort befanden sich auch die Gästezimmer und das Boudoir der Baronin. So ein elegant eingerichteter Raum, in den sich die Dame des Hauses zurückziehen konnte, war damals üblich. Heute ist mit dieser Bezeichnung eher das Ankleidezimmer gemeint. Auch die Kinder wohnten in dem Stockwerk, bis die beiden Mädchen, als sie älter wurden, eine Etage höher einzogen. In einiger Entfernung, zum Tale hin, stand ein kleines Teehaus, das besonders auf die Damen seinen ganz besonderen Reiz ausübte. Sie spielten dort Krocket, während die Herren zur Jagd unterwegs waren. Im Tal lebten die Waldarbeiter in kleinen Häusern. Es waren meist ehemalige Kriegsgefangene, Polen oder Russen, die deutsche Frauen geheiratet und ihre Heimat in Deutschland gefunden hatten. Ottos Familie saß nächtelang auf der Schlossterrasse und beobachtete die Wildausritte. Dabei klang der wundersame Gesang der

Russen aus dem Tal herauf. Immer wieder fanden herrliche Feste im Schlosssaal, in dem viele Ahnenbilder an den Wänden hingen, statt. Zwischen zwei großen Fenstern befand sich ein Kamin, der eine besondere Behaglichkeit ausströmte. Hier machte die Familie es sich im Winter vor dem Feuer gemütlich. Das ganze Schloss wurde zentral mit Holz und Kohle beheizt. Während der ungetrübten Weihnachtszeit erlebten die Kinder eine besonders heilige Handlung, die eigene Beschaffung des Weihnachtsbaumes. Dann gab es noch einen *Kinderfressbaum*, der mit kleinen Wachskerzen beleuchtet, und mit Nüssen, Pfefferküchlein und allerlei kleinem Zuckerwerk aufgeputzt war. Jedes Jahr an Silvester wurde die Glocke im Turm geläutet. Als die Mädchen älter waren, feierte man viele Bälle und Feste auf Schloss Hamborn. Manchmal fuhren sie auch mit der Pferdekutsche nach Schloss Neuhaus zum Tanz. Dort erlebten sie, wie Offiziere mit ihren Pferden die Wendeltreppe hinaufritten.

Schloss Hamborn im Winter – Foto: Christoph Möllmann

Nach langem Warten … - „Endlich da!“

Der erste Weltkrieg!

Der schon zu Lebzeiten des 1908 auf Buddenburg umgekommenen Baronenpaares von Rüxleben erwartete Krieg brach Anfang August 1914 aus. Der Erste Weltkrieg dauerte bis 1918 und ging als *Urkatastrophe des 20. Jahrhunderts* in die Geschichte ein.

Am 28. Juni 1914 wurde in Sarajewo ein Attentat auf den österreichisch-ungarischen Thronfolger Franz Ferdinand verübt. Dieser Anschlag war der Grund, der das Fass zum Überlaufen brachte und den Ersten Weltkrieg auslöste. Es war *der* Krieg, dessen drohenden Ausbruch die Menschen schon lange zuvor im Gespür hatten.

Es war früh am Morgen, ungefähr um halb sechs, da läuteten alle Kirchenglocken Westfalens. Der Krieg war ausgebrochen. Eine fragwürdige Begeisterung ging mit ungeheurem Schwung durch Dörfer und Städte. Einige Männer hatten sich bereits freiwillig an die Front gemeldet, glaubten als Sieger heimzukehren und waren schon fort. Zurückgekommen ist keiner von ihnen. Sie starben den Heldentod, hieß es später. Nach dem Kriegsausbruch nahmen auch zwei westfälische Soldaten sorglos ihre Stellungsbefehle entgegen und meinten: „Das ist bald vorbei.“ – „In vier Wochen sind wir zurück.“

Doch dann dauerte der Krieg vier Jahre.

Unbarmherziges Schicksal

Im eiskalten März des Jahres 1929 erlebte die Familie von Rüxleben ein großes Unglück. Ihr Schloss brannte mit seinen Nebengebäuden nieder. Offenbar hatten Funken aus dem Schornstein den Dachboden entzündet. Dort befanden sich viele brennbare Materialien, die in Holztruhen aufbewahrt wurden. Alles ging in Qualm und Rauch auf. Auch das Familienarchiv brannte lichterloh.
Otto von Rüxleben riss seine Kinder, hinter denen die Zimmerwand lodernd brannte, aus ihren Betten. Hastig rannte er mit ihnen, so schnell, wie er konnte, die Treppen herunter. Unten saß die ahnungslose Mutter am Frühstückstisch und wollte nicht glauben, dass ein Feuer ausgebrochen war. Als die Feuerwehr anrückte, zeigte sich, dass die Leitern und Schläuche zu kurz waren. Zudem gefror das Wasser in den Behältern. Otto von Rüxleben stand geknickt, eingemummt in seinen Fahrpelz, den er über seinem Mantel trug, vor seinem lodernd brennenden Schloss. Sein schwarzer Hut warf Schatten in sein besorgtes Gesicht, als er murmelte: „Hoffentlich habe ich die Versicherungsprämie pünktlich bezahlt."
Der alte Teil des Schlosses war so stark verbrannt, dass er zusammenstürzte. Bald nach dem vernichtenden Brand verkaufte der Baron das ganze Anwesen, das vom neuen Eigentümer danach wiederaufgebaut wurde. Otto aber hatte abermals ein Heim zurückgelassen, um ein weiteres Mal im Leben etwas Neues zu beginnen.

Im Mecklenburgischen erwarb Otto von Rüxleben von einer Erbengemeinschaft das Rittergut Ventschoor. Auch um dieses Gut lag ein ausgesprochen gutes Jagdgebiet, wo er seiner Jagdleidenschaft von neuem nachgehen wollte. Ventschoor war kein aufwendiges Schloss, sondern eher ein zünftiges Herrenhaus mit angrenzenden Wirtschaftsgebäuden. Die landwirtschaftliche Krise, die in den Ostprovinzen besondere Ausmaße annahm, machte ihm stark zu schaffen.

Ein schwerer Schicksalsschlag stieß in sein Leben: Ottos Ehefrau Franziska verstarb im Februar 1934 während eines Besuches in ihrer Heimat Bückeburg, wo man sie auch bestattete. Nach dem Tod seiner Frau hielt er es auf Ventschoor nicht mehr aus. Im Jahr 1935 konnte der Witwer den Betrieb zudem nicht mehr halten und beschloss, das Gut an die Erbengemeinschaft zurück zu verkaufen. Ein weiterer Wechsel und Lebensabschnitt folgten. Im gleichen Jahr zog er mit seiner Familie auf das Gut Darsor, im Landkreis Köslin in Hinterpommern.

In Europa begann am 1. September 1939, mit dem deutschen Angriff auf Polen, ohne vorherige Kriegserklärung, der Zweite Weltkrieg. Er endete am 8. Mai 1945 und ging als *größter, blutigster Konflikt* in die Geschichte ein. – Im Jahre 1945 wurde Otto von russischen Soldaten gefangen genommen und nach Rügen verschleppt. Dort schlug das Schicksal grausam zu. Baron Otto von Rüxleben sollte das Ende des tobenden Krieges nicht mehr erleben. Von niederträchtiger Hand wurde er heimtückisch erschlagen. Somit hatte er wie sein Brunder Udo ein gewaltames Ende, und das gleiche traurige Schicksal, wie viele Mitglieder aus pommerschen Adelshäusern erlitten.

Zum Andenken an ihn stellte man auf dem Grab seiner verstorbenen Gemahlin eine Gedenktafel auf. Auf demselben Friedhof wurde auch ihr gemeinsamer Sohn Hans beisetzt. Ingeborg und Christa waren zur Zeit der Bestattung von Hans hochbetagt und bewohnten das Gut Dankersen bei Rinteln an der Weser. Ottos jüngster Sohn, Udo von Rüxleben, der 1934 Offiziersanwärter im Reiterregiment 16 der Erfurtschen Husaren wurde, war während des Krieges Oberstleutnant. Die Ehe mit seiner Frau blieb kinderlos. Beide lebten in Echternach bei Köln. Udo von Rüxleben trug den gleichen Namen wie sein Onkel, der an einem schicksalshaften Maientag des Jahres 1908 auf Schloss Buddenburg, in Lippholthausen, durch die Hand seiner Ehefrau sein junges Leben verlor.

Schloss Buddenburg von Süden, um 1938 – Foto E. Kramer, Lünen

Als die Geschichte des Adelshauses Buddenburg in Lippholthausen endete, befand sich die Burg über sechshundert Jahre im Besitz der Familie von Frydag, was in der Geschichte äußerst selten vorkam.

Die Zeit des Barons Udo von Rüxleben und seiner Ehegattin Wanda auf Buddenburg war dagegen nur ein Wimpernschlag in der Weltgeschichte.

Nachwort

Der Buddenburg-Mord, der sich zum Doppelmord gestaltete, nämlich durch den Selbstmord der Baronin, veränderte nach dem Prinzip von Ursache und Wirkung das Leben vieler. Nicht nur die beiden Umgekommenen verloren das ihre und ein Kind wurde gar nicht erst geboren, die nächsten Angehörigen richteten ihr Leben auf Schloss Buddenburg ein. Die Kinder von Otto und Franziska von Rüxleben erblickten das Licht der Welt auf Schloss Buddenburg, in Lippholthausen, und wuchsen später durch schicksalshaften Wechsel auf Schloss Hamborn auf.

Christa von der Milwe, geb. von Rüxleben, wusste lange Zeit nichts von dem Mord auf Buddenburg, dem Schloss ihrer Geburt, der kurz bevor sie dort das Licht der Welt erblickte, geschah. Das Buch mit ihren Lebenserinnerungen, die sie ihrer Familie hinterließ, erzählt nicht nur von dieser sehr beeindruckenden Frau und ihrem außerordentlich bewegten Leben, es gibt zudem den Hinweis darauf, dass Wanda von Rüxleben, geb. von Strombeck, von ihrem Ehemann Udo von Rüxleben ein Kind im 4. Monat erwartet hätte. Erst als sie fast erwachsen war, erfuhr die junge Christa durch die ehemalige Haushälterin auf Schloss Buddenburg, die als treue Wirtschafterin der Familie nach Hamborn folgte, das Drama um den abscheulichen Mord und Selbstmord. Fräulein Glazik hatte damals, genau wie Christas Patenonkel Wilhelm von Posseck (gefallen † 1914) und Diener Julius (damals ebenfalls schon verstorben), die sich anbahnende Katastrophe befürchtet und das Ende der Tragödie letztendlich miterleben müssen.

Niemals zuvor hatten ihre Eltern Christa oder ihre Geschwister mit auch nur der kleinsten Andeutung über den Vorfall ins Vertrauen gezogen. Der Name der unglücklichen Wanda wurde totgeschwiegen, fast ebenso auch der Name des Onkels, Udo von Rüxleben. Es existierte nicht einmal ein Bild von ihm.
In einem alten Familienalbum der Verwandten von der Recke von Haus Uentrop bei Hamm, das für Christa von klein auf immer eine zweite Heimat war, entdeckte sie dann doch noch eine vergilbte Fotografie: Auf der Freitreppe von Haus Uentrop saßen und standen im Frack und Abendkleid ihre Eltern, Tanten und Onkel aus den Häusern Recke, Rüxleben, Friesen und H. von Altenbockum. Auf der untersten Treppenstufe hockten die adeligen Kinder. In der Mitte dieser feierlichen Gesellschaft standen als glücklich wirkendes Traumpaar eng aneinandergeschmiegt, Udo und Wanda von Rüxleben.

Über ihren Onkel Udo hatte Christa erfahren, dass er als gutaussehender und unterhaltsamer Mann mit Charme und besonderer Anziehungskraft auf Frauen galt. Über die Mörderin schreibt sie, dass sie wohl einen tiefen Grund zur Eifersucht, bis zum Hass gesteigert, gehabt haben müsste.

Im *Gotha*, dem genealogischen Verzeichnis der deutschen Adelshäuser und Buch über Tradition, Familienbande und soziale Verpflichtungen, wurden die Namen der Mörderin und ihres Mannes gelöscht. Nicht nur die Familie von Rüxleben ignorierte die Existenz der beiden, indem sie diese verschwieg, auch im Adelsverzeichnis gerieten sie, offenbar geplant, in Vergessenheit, so, als hätte es sie nie gegeben.

Zwei Menschen haben ihr Glück gesucht, es gefunden aber nicht festhalten können. Sie waren vom Schicksal hart geprüft und haben die Prüfung offenbar nicht bestanden. Diese Tatsache sollte man m. E. nicht einfach abtun und die Betroffenen nicht totschweigen oder vergessen, nur um die Familienehre bzw. Adelsehre zu schützen. Die Tatsache, dass sie lebten, ist nicht totzuschweigen.

Schloss Buddenburg, Anfang des 20. Jahrhunderts;
Foto: Westfälisches Amt für Denkmalpflege, Münster

Offene Fragen

So endet nun die Erzählung vom Schicksal, das zwei Menschen zuerst in Liebe verband und viel zu schnell, und auf eine traurige Art und Weise wieder trennte. Nicht gesichert sind die Gründe, die zu dem Mord auf Buddenburg führten. Gab es verschiedene Gründe, die in eine einzige Tatursache mündeten? Motive, die die Täterin bis zur Besinnungslosigkeit getrieben und zur dramatischen zerstörerischen Handlung gedrängt haben? Viele Fragen blieben offen. Durch die neuen Erkenntnisse sind weitere Überlegungen hinzugekommen.

Frage nach dem Mordmotiv

Am Schluss bleibt die Frage nach dem *Warum*, die bis heute niemand genau beantworten konnte. Der Baronin Wanda von Rüxleben war kein Wort über das Motiv für ihre Tat zu entlocken, außer Respektlosigkeit ihres Mannes, dass er die Trennung von ihr wollte und dass keine andere ihn besitzen sollte. War dies ein Grund für einen Mord? Wanda war frustriert, sie hatte so sehr um ihre Ehe gekämpft. In ihrer Verzweiflung hatte sie anfangs immer noch geschwankt und versucht, durch Gespräche mit ihrem Ehemann zu erreichen, dass doch wieder alles gut werde. Die Demütigung, die ihr zugefügt wurde, muss für ihre Seele ähnlich tödlich gewesen sein, wie ihre Unglückstat es schlussendlich war. Die Anspannung, die die Baronin quälte, hatte Überhand genommen. Der Glaube an ihre Ehe und die Hoffnung in ihr waren gestorben.

Eheglück?

Udo Freiherr von Rüxleben war in seinen Kreisen sehr beliebt. Seine Ehefrau Wanda galt als eine hochgebildete und freundliche Dame. Diejenigen, die mit der Freifrau zusammenkamen, erwähnten deren Liebenswürdigkeit und Güte. Die Ehe soll anfangs glücklich gewesen sein, doch muss sie nach einiger Zeit wohl eine Trübung erfahren haben. Das tragische Ende überwog im Gedächtnis der Allgemeinheit. Die Baronin hatte während ihrer Ehe kein unbedachtes Wort geäußert, das verräterisch anderen über eine Verschlechterung der Gemeinsamkeit Aufschluss gegeben hätte, bis die lautstarken Ehestreitigkeiten diese letztendlich bewiesen. Der Baron hörte nicht auf den Rat seines Vetters, sich nicht mit seiner emotionalen Frau anzulegen. Die gemeinsamen Dispute eskalierten bis hin zur Raserei, die Liebe und Glück tötete.

Das ungeborene Kind

Eine Schwangerschaft sollte eine Zeit der Vorfreude sein, im besten Fall beider Eltern, auf das gemeinsame Kind, das als eine sichtbar gewordene Liebe Gestalt annehmen soll.
Was aber, wenn die Liebe zwischen den Eltern so tragisch endete und gestorben war?
War es für Wanda, ohne dass der Vater – von ihr unterstellt – ihrem Kind zeigen würde, dass es in seiner Welt willkommen war, undenkbar geworden, Mutter zu werden?

Konnte oder wollte sie mit ihrem Kind in dieser Unsicherheit nicht leben? Sie spürte zweifellos eine hohe Verantwortung für ihr Kind und sah eine Flut von Problemen, die sie allein bewältigen müsste, auf sich zukommen. Nachdem ihr Ehemann sie fortschicken wollte, war der gesellschaftliche Druck, dem sie als alleinerziehende Mutter ausgesetzt wäre, kaum zu bewältigen, die wirtschaftlichen Verhältnisse hätten sie, allein mit ihrem Kind, an den Rand der Existenz gebracht. Wie müsste so ein zartes, schutzbedürftiges Wesen, sollte es zur Welt kommen, erst leiden, angesichts eines ihrer Ansicht nach desinteressierten, zügellosen Vaters?

Eifersucht

War Wanda von Eifersucht getrieben? Sie hatte schon früh ihren Vater verloren. Litt sie unter der Angst, ihren Ehemann auch zu verlieren, evtl. an eine andere Frau? Es gab Gerüchte, dass Wanda eine Nebenbuhlerin gehabt habe, die in der Villa Bonin gewohnt haben soll, der noblen Villa, die einst Udo von Frydag für seine Schwester Ottilie von Bonin, geb. von Frydag, baute, da er selbst das Schloss der Väter erbte.
Allerlei Gerüchte waren im Umlauf. So gab es Personen, die dem Baron unterstellten, ein *Lebemann* gewesen zu sein, der in Sport-, Spiel und Damenkreisen eine große Rolle spielte. Sprach da eher der Neid? Denn andere beschrieben ihn als einen liebenswürdigen, ritterlichen Kavalier, wie man ihn in jenen adeligen Kreisen oft vorfand.

Dem Pfarrer gestand Wanda kurz vor ihrem Tod, weil der Baron von Trennung sprach und weil eine andere ihn nie besitzen sollte, habe sie ihn erschossen, was auf ein Motiv aus Eifersucht schließen lässt.

Udo von Rüxleben sagte einmal zum ehemaligen Verwalter von Buddenburg: „Albert, „Wenn ich mal verheiratet bin, gehe ich keinen Schritt mehr weg." So soll er tatsächlich laut Zeugenaussagen nach seiner Heirat fast beständig auf Schloss Buddenburg bei seiner Frau geblieben sein.

Die Dortmunder Zeitung berichtete im Mai 1908, dass die Nachrichten über die angebliche eheliche Untreue des Barons jeglicher Grundlage entbehrten. Wenn man auch zugab, dass der Baron sich ***vor*** seiner Verheiratung in der Welt „in der man sich nicht langweilt", ziemlich viel aufgehalten hat, so sei er nach seiner Eheschließung solchen Amüsements nicht mehr nachgegangen. Er habe oft in Begleitung seiner Frau das Schloss verlassen und sei mit keiner anderen weiblichen Begleitung gesichtet worden. Die Zeitung fügte Zeugenaussagen hinzu, Baron von Rüxleben habe früheren Bekenntnissen nach gegenüber engen Vertrauten den Wunsch geäußert, ein glückliches Familienleben zu führen. Er wollte keine Geldheirat, sondern zöge nach eigener Äußerung ein armes Mädchen vor. Dem ehemaligen Schlossverwalter habe er wörtlich anvertraut: „Albert, ich möchte Ihnen mal etwas sagen. Ich möchte am liebsten ein armes Mädchen heiraten, wenn ich nur wüsste, dass es mich liebhätte. Wie heute die Welt ist, ist es schwer, die richtige Frau zu finden."

Tatsächlich habe es sich um eine Liebesheirat gehandelt. Seine Frau, die eine gute Erziehung genossen hatte, brachte keine materiellen Werte mit in die Ehe. Doch das machte dem Baron nichts aus, der selbst genug besaß.

Baron von Rüxleben verließ am 30. April 1908 die Buddenburg, um am geplanten Fuchstreiben in Buldern bei seinem Freund Baron von Romberg teilzunehmen. Jede andere Darstellung über den Zweck des Besuches bei Baron von Romberg an diesem Tag ist nach Angaben von Zeugen und der Dortmunder Zeitung hinfällig und frei erfunden.

Gemeinsame Zeit – gegenseitig fehlendes Verständnis

Verständnis für den Partner zu haben und das nicht nur einseitig, ist grundlegend in einer Beziehung, genauso wie eine Investition an Zeit in die Partnerschaft. Gerade wenn Probleme auftauchen ist genseitiges Verständnis unverzichtbar, um diese respektvoll, ohne den anderen zu verletzen, gemeinsam zu lösen.
Durch die essentiellen und doch auch wertvollen, wichtigen Aufgaben, die der Baron stets pflichterfüllt erledigte, fehlte Wanda zwangsläufig gemeinsame Zeit, die sie schmerzlich vermisste. Aus ihrer Situation heraus war sie scheinbar nicht dazu in der Lage, Verständnis für ihn und seine Pflichten aufzubringen. Sie hätte ihn sonst nicht so bedrängen dürfen, wenn sie erkannt hätte, dass er sehr viel Verantwortung tragen musste, zahlreiche Aufgaben zu bewältigen hatte und dass sich nicht alles nur um sein Privatleben drehen konnte.

Udo im Gegenzug, durch seine – vielleicht auch durch Generationen überlieferten und anerzogenen – Pflichtausführungen, die auch ihm mehr oder minder Spaß, Freude oder Last waren und ihn Kraft und Zeit gekostet haben, war in dieser Richtung seiner Frau gegenüber unaufmerksam. Er nahm nicht wahr, dass sie ihn unterdessen vermisste und brachte auch für sie nicht das nötige Verständnis auf.

Klärende Worte fehlten scheinbar von beiden Seiten.

Es war eine andere Zeit; den Erwartungen von vielen Seiten, die auf ihm lasteten, wollte der Baron gerecht werden. Er musste sich neben seinen Verpflichtungen als Gutsherr kraft seines Amtes auch gesellschaftlich kümmern und rieb sich fast auf. Viele seiner Aufgaben waren zudem Ehrenangelegenheiten, für die er sich einsetzte. Das war nichts Abtrünniges, es kostete ihn oftmals für Unterstützungen viel Geld und auch Zeit, die er dann dadurch nicht mit seiner Frau verbrachte.

Ahnungslos, wie bald sein Leben ausgelöscht würde, verlangte er viel zu viel von sich. So war es eine Aussichtslosigkeit, das gemeinsame Leben rein nach ihren Vorstellungen auszurichten.

Es folgt der Nachweis an dieser Stelle nur einer seiner vielen Verpflichtungen, des Rennvereins Dortmund, als Nachruf.

Nachruf.

Am 2. Mai verschied unerwartet

Herr Freiherr

Udo von Rüxleben

zu **Schloss Buddenburg,**

Rittergutsbesitzer und Leutnant der Reserve.

Seit einer Reihe von Jahren dem Vorstande des Dortmunder Rennvereins angehörend, war er stets ein eifriger Förderer und treuer Berater desselben und mit den Interessen und dem Aufblühen des Vereins eng verwachsen. Wir werden ihm ein treues und dankbares Andenken bewahren.

Der Vorstand des Dortmunder Renn-Vereins.

Nachruf - am 2. Mai verschied unerwartet
Herr Freiherr Udo von Rüxleben zu Schloss Buddenburg, Rittergutsbesitzer und Leutnant der Reserve.

Seit einer Reihe von Jahren dem Vorstand des Dortmunder Renn-Vereins angehörend, war er stets ein eifriger Förderer und treuer Berater desselben und mit den Interessen und dem Aufblühen des Vereins eng verwachsen. Wir werden ihm ein treues und dankbares Andenken bewahren.

Der Vorstand des Dortmunder Renn-Vereins.

Ehescheidung

Nach einer Scheidung wäre Wanda zur Unperson erklärt worden und in ein seelisches Loch gefallen, was ihre Existenzängste noch gesteigert hätte.
Das Thema *Scheidung* war in der damaligen Zeit ein Tabuthema und nicht selbstverständlich. Eine Scheidung war für eine Frau ein Skandal und eine Denunzierung, das wusste Wanda, die zudem noch schwanger war und als angeschuldigte *Ehebrecherin mit ihrem Balg* einen steinigen Schicksalsweg hätte gehen müssen. Für eine alleinerziehende Mutter und ihr Kind wäre es ein sehr schweres Leben geworden. Damals waren die Zeiten anders als heute: Es gab kein Kindergeld, kein Müttergenesungswerk. Eine ledige oder geschiedene Mutter wurde in der Öffentlichkeit als schlecht angesehen.
Wandas Onkel war, da ihr Vater nicht mehr lebte, als Oberhaupt ihrer Familie bis zu ihrer Heirat für sie verantwortlich gewesen. Fraglich, ob sie von ihm, nach ihrer Trennung vom Ehemann, mit Kind aufgenommen worden wäre und ob er von Stund` an erneut die Verantwortung für sie übernommen hätte, um sie auf ihrem weiteren Lebensweg zu begleiten und zu beraten.

Finanzen

Eine Erklärung bezüglich des Mordmotivs, über das Wanda sich in den letzten Stunden ihres Lebens lange ausgeschwiegen hat, wurde damals in verschiedenen Richtungen gesucht. Es kamen auch Überlegungen auf,

ob parallel zu den Auseinandersetzungen zwischen den Eheleuten vielleicht die finanzielle Schieflage eine Ursache für Wandas entsetzliche Tat gewesen sein könnte. Sie hatte sich an der Seite ihres Mannes so viel von der Zukunft erhofft. Sollte sie etwas von störenden finanziellen Schwierigkeiten geahnt oder gewusst haben? Wie sehr hätte der Boden des mächtigen Schlosses unter ihren Füßen zu wanken begonnen, wenn sie davon erfahren hätte?
Es bleibt hypothetisch, ob die Angst vor wirtschaftlichem Zusammenbruch bei Wanda eine zusätzliche seelische Erschütterung auslöste.

Akute finanzielle Sorgen waren laut eines Berichts in der Dortmunder Zeitung aus Mai 1908 allerdings nicht mehr vorhanden. Die Verhältnisse des Barons wurden durchaus als geordnet dokumentiert und alle anderslautenden Gerüchte über finanzielle Schwierigkeiten des Barons entbehrten jeglicher Grundlage, hieß es. Die immensen Besitzungen Buddenburg, Wilbring und Ober-Massen, die große Einkünfte brachten, waren mit einem Geldbetrag belastet, der gegenüber den ausgedehnten Grundwerten im Verhältnis nur gering war und nicht schwer ins Gewicht fiel. Zudem wuchs das Einkommen durch die anstehende Abgabe von Parzellen für den Eisenbahnbau und das Bauvorhaben des Seitenkanals von Hamm nach Datteln um ein Vielfaches an. Erst Jahre später schlugen beim Erben der Buddenburg, Otto von Rüxleben, finanzielle Probleme durch. Er musste seinerseits Land verkaufen, um sich zu konsolidieren, doch die finanziellen Vorteile durch den Landverkauf wogen die späteren Nachteile der Teilung, den hohen Preis der Industrie, für das Schloss Buddenburg bei weitem nicht auf.

Oder aber wurde die todbringende Situation herbeigeführt, durch eine mögliche Verteidigung und Abwehr der Handgreiflichkeiten des Barons im Affekt, die so nicht geplant war?

Wanda hatte dem Pastor in ihrer Todesstunde gestanden, dass es ihr leidtat, dass sie aber die Tat bereits länger geplant habe. Dabei kommt die Frage auf: Welche Tat meinte sie? Wollte sie eigentlich nur sich selbst mit ihrem Kind töten, um sich und dem Kind das zweifellos auf sie zukommende harte Leben zu ersparen?

Oder hat möglicherweise Udo durch seine von von Posseck erwähnten Handgreiflichkeiten, auf die unmittelbar die Schüsse fielen, Wanda zur Affekthandlung, die Waffe auf ihn zu richten und zu schießen, herausgefordert? Schlussendlich wäre dann aus der Affekthandlung eine übersteigerte Handlung erwachsen, da sie 7 Schüsse auf ihren Mann abgefeuert hatte.

Waren die Qualen, denen sie als begehrte junge Frau in ihrer unheilvollen Ehesituation ausgesetzt war, eine mögliche Dynamik, die zur Folge gehabt haben könnte, dass sie, um allem Kummer zu entrinnen, in ihrer Verzweiflung ein Ende suchte und den Schrank öffnete, in dem sie ihren Revolver aufbewahrte?

Worin das finale Mordmotiv letztendlich bestanden hat, bleibt ein Geheimnis, das zwei Menschen, die sich bis auf den Tod bekämpften, vor langer Zeit, mit sich ins Grab genommen haben.

Wir sind also vom Homunkulus doch noch einigermaßen entfernt.

Neuerdings muß die Mineralogie die Kosten so volkstümlicher Entdeckungen bestreiten, natürlich darf's dabei, damit das Interesse des Publikums geweckt wird, nicht um Kieselsteine gehen, sondern gleich um Edelgestein erster Güte. Da wurde vor wenigen Wochen beispielsweise wieder mal entdeckt, wie man echte, unwiderleglich echte Diamanten fabrizieren könnte; daß dies an sich möglich ist, weiß die Wissenschaft freilich auch schon lange, und der Chemiker Henri Moissan hat in seinem Schmelzofen bereits diese kostbarste Form der Kohle dargestellt; die winzigen Diamanten, die er gewann, kamen allerdings nicht billiger als solche vom Juwelier. Jetzt aber hatte ein jemand herausgekriegt, wie das billig und im großen zu machen sei, und alle Welt war für kurze Zeit auf diesen Lärm hineingefallen, bis sich herausstellte, daß die neuen Diamanten eine Art Naphthalinkristalle waren und bereits bei 200 Grad Hitze jämmerlich schmolzen. Aus war die Herrlichkeit. Die betrübten Leser zu trösten, die dastanden wie die Lohgeber, denen die Felle davongeschwommen sind, betrachtete die Zeitung, die zuerst mit der mineralogischen Entenjagd angefangen hatte, als ihre vornehmste Pflicht. Also kündete sie vor wenigen Tagen ihrem Abonnentenkreis ein neues Wunder: „Er ist verwirklicht, der alte Traum der Alchimie, wertlosen Stoff in edlen zu wandeln! Die Hoffnung, die alle Völker beschäftigt, alle Zeitalter erfüllt hat, an die Jahrhunderte vor uns Aegypten und Chaldäa, Judäa und Hellas geglaubt haben, über die zu Rom Tertullian seinen Bannfluch ausgesprochen, die unser ganzes Mittelalter als kostbares Geheimnis gehegt hat — da ist sie nun erfüllt, zur Wirklichkeit geworden durch eine einzigartige Ueberraschung der Wissenschaft!" Und warum dieser ekstatische Jubel? Nun — es war angeblich gelungen, durch die Einwirkung des Radiums gewöhnlichen Kristall in Topase oder Rubine von unermeßlichem Werte zu verwandeln. In der Tat eine Entdeckung, die sich lohnte! Und wer war der glückliche Entdecker? Ein Gelehrter, ein Franzose natürlich, jubelte das Leibblatt, kein Geringerer als Prof. Bordas von der Pariser Sorbonne, der, angeregt durch ähnliche Versuche der Chemiker Ramsay und Berthelot, ein paar schier wertlose Halbedelsteine der Bestrahlung des Radiums ausgesetzt und die umgewandelten dem betreffenden Verkäufer der Steine wieder präsentiert hatte; dieser soll erklärt haben, das Karat der umgewandelten Steine, die er natürlich nicht wiedererkannte, habe einen Wert von 45 Fr., während die ursprünglichen Steine nur mit 2 Fr. bezahlt werden. Aufs neue versuchte der Gelehrte zur Kontrolle der gewaltigen umwälzenden Entdeckung das Experiment, indem er einen der Steine als Vergleichsobjekt zurückbehielt, und abermals offenbarte sich das erstaunliche Wunder! Diesmal kriegte er sogar angeblich einen wahrhaftigen Rubin heraus, den der Juwelier ihm für 800 Frank das Karat ablaufen wollte. Damit war die Einheit und Unendlichkeit der Natur aufs schlagendste erwiesen, das alte Symbol der Alchimie vom Drachen, der sich selbst in den Schwanz beißt, zum wahren Sinnbild alles Seins und Lebens erhoben, der Stein der Weisen gefunden.

Und nun erst die praktischen Konsequenzen! Würde die Entdeckung den Gelehrten zum Krösus machen oder der Wert der kostbarsten Edelsteine zum Spottpreis herabsinken, der Juwelenhandel vernichtet werden? „Was auch die wirtschaftliche Folge der Entdeckung sein mag," erklärte die Zeitung, die das Wunder verkündete, „wir müssen uns ehrfurchtsvoll vor dem neuen Wunder neigen; der Mensch hat eine Macht über die Dinge gewonnen, die man bisher einzig der Gottheit zuerkannte. Keine Entdeckung rechtfertigt mehr als diese das Wort des (unbekannten) Philosophen: Was die Menschen entdecken, weckt der Götter Neid!"

Leider hat der Götter Neid recht bald eine kalte Brause über die Begeisterungsflamme gegossen. Mit kühlem Lächeln bemerkte der Chemiker Ramsay, daß die epochemachende Entdeckung ein verhältnismäßig alter Zauber sei, bei dem von einer Umwandlung in wirkliche Edelsteine nicht die Rede sein könne; es handelt sich einzig um eine Umfärbung von Steinen von tieferen Tönen nach der hellen Skala unter der Strahlenwirkung des Radiums. Und in ihrer gestrigen Eröffnungs-Vorlesung an der Sorbonne teilte Frau Curie, die schlichte Gelehrte, die mit ihrem Gatten gemeinsam dem rätselhaften Radium auf die Spur gekommen war, mit, daß sie und ihr Gatte bereits die Farbwirkung der Strahlen auf Kristalle beobachtet hätten, und daß von Berthelot, der die Sache weiter verfolgte, kurze Zeit vor seinem Hinscheiden eine Abhandlung darüber an die Akademie der Wissenschaften eingereicht worden sei. Dann erst kam — Professor Bordas, der die große Entdeckung nochmals, aber mit Pauken und Trompeten machte. Nur hat Frau Curie nicht behauptet, daß Radium aus einem gemeinen Kristall einen Rubin machen könne, denn Frau Curie beschäftigt sich nur mit Wissenschaft. — Die Pauken und Trompeten sind nun plötzlich verstummt, seit von berufenster Seite der Zauber enthüllt worden ist. Aber das Publikum wartet mit fieberhafter Spannung darauf, wann sie wieder erschallen werden, um einen neuen Sieg des französischen Menschen über die Natur anzukünden.

Dr. E. Schultz.

Hof und Gesellschaft.

Die Kaiserin empfing heute vormittag im Königlichen Schlosse den Besuch des Kronprinzen von Schweden, der, wie an anderer Stelle berichtet, auch der Rekrutenvereidigung beiwohnte.

Der Herzog von Sachsen-Altenburg ist, wie man uns aus Hummelshain telegraphiert, an Kehlkopf- und Bronchialkatarrh erkrankt. Das heute ausgegebene Bulletin lautet: „Der Katarrh ist nicht erheblich verändert, doch eher etwas gebessert. Kein Fieber, Allgemeinbefinden, Schlaf und Appetit sind befriedigend. Dr. Thiele."

Verlobt haben sich: Fräulein Charlotte Barella mit dem Bankbeamten und Leutnant der Res. im Feld-Art.-Regt. Nr. 56 Georg Walter in Berlin; Freiin Anna Luise von der Goltz in Berlin mit Dr. med. Artur Muthmann in Nassau a. d. Lahn. — Ihre Vermählung geben bekannt: Udo Freiherr von Rüxleben und Frau Wanda, geb. von Strombeck, in Berlin; Landrichter Dr. jur. Fritz Kaul und Frau Else, geb. Richter, in Bochum. — Die Geburt einer Tochter zeigen an: Hans von Wartenberg-Gleißen und Frau Edelgard, geb. von Möllendorff, in Gleißen. — Gestorben ist: Frau Olly von Poncet, geb. von Bescherer, in Dirschel, Ober-Schlesien.

Aus der Reichshauptstadt

v. Sp. **Die Vereidigung der Rekruten.** In Gegenwart des Kaisers und des Kronprinzen von Schweden, der gestern abend von Lützen kommend auf dem Anhalter Bahnhof in feierlicher Weise empfangen wurde, fand heute vormittag im Lustgarten die feierliche Eidesleistung der in diesem Herbst eingestellten Rekruten der Berliner, Charlottenburger, Schöneberger, Spandauer und Groß-Lichterfelder Gardetruppen statt.

Die feierliche Zeremonie unter freiem Himmel war von sonnenklarem Herbstwetter begünstigt. In der Mitte des Platzes am Lustgarten wies ein von hohen Blattpflanzen umgebener und zu beiden Seiten mit von Girlanden umwundenen Geschützen, Trommeln- und Lanzenpyramiden flankierter Feldaltar auf den kirchlichen Charakter der Feier hin. Vor 11 Uhr vormittags rückten die Mannschaften in den Lustgarten ein. Die Infanterie nahm an beiden Längsseiten des Platzes, die Kavallerie auf der Schloßterrasse und die Artillerie bzw. die technischen Truppen vor der Kaiser-Wilhelm-Brücke oder Schloßbrücke Aufstellung. Kurze Zeit darauf schallte der Salut der Schloßwache und der im Schloßhof aufgestellten Fahnenkompagnie herüber. Ein Zeichen, daß der Kaiser hier zu Pferde gestiegen war. Bald wurde auch der Monarch am Portal IV sichtbar. Hier hatten sich die königlichen Prinzen, die Generalität, die Militärbevollmächtigten sowie die besonders geladenen schwedischen, russischen und türkischen Offiziere versammelt. General der Infanterie v. Kessel, der bisher als einziger berittener Offizier inmitten der Truppen gehalten hatte, ritt dem Kaiser entgegen, um den Frontrapport zu überreichen. Neben dem Kaiser, der die Uniform des 2. Garde-Regiments angelegt hatte, ritt der Kronprinz von Schweden, der als Chef des Grenadier-Regiments zu Pferde Freiherr v. Derfflinger die kleidsame Uniform dieses Regiments trug. Nach kurzer Begrüßung der Prinzen und fremdherrlichen Offiziere wurden die Fronten abgeritten. Laut schallte der Gruß des Monarchen und der Gegengruß der Mannschaften über den Platz. Auf ein Zeichen des Kaisers wurden dann die Feldzeichen vor den Altar getragen, und nun begannen die Ansprachen der Geistlichen, zunächst des evangelischen Divisionspfarrers Gruhl und anschließend des katholischen Divisionspfarrers Hellinger. Der Eid wurde hierauf brigadeweise abgelegt. Während der Eidesleistung hielt der Kaiser jedesmal vor der betreffenden Brigade. Nachdem diese beendet war, ergriff der Kaiser das Wort. In seiner markigen Ansprache gemahnte der Monarch die jungen Mannschaften an die treue Erfüllung ihrer Pflichten. Sie sollten des Vorzugs eingedenk sein, im Gardekorps dienen zu dürfen. Er erwarte von ihnen, daß sie Gottesfurcht, Selbstzucht und treue Kameradschaft üben. General v. Kessel brachte darauf ein Hurra auf den Kaiser aus. Nachdem dann die Fahnenkompagnie defiliert hatte, kehrte der Kaiser in das Schloß zurück, um im Schloßhof Meldungen entgegenzunehmen.

⊙ **Zur Heilung der Diphtherie** durch ein neues Mittel, über das wir bereits in der heutigen Morgenausgabe berichtet, bringt die Münchener medizinische Wochenschrift noch folgende interessante Einzelheiten: Die Pyozyanase, die in so überraschender Weise den diphtherischen Krankheitsprozeß beeinflußt, bildet sich in den Kulturen des Bacillus pyocyaneus, eines pflanzlichen Kleinlebewesens, das die Eigentümlichkeit hat, blau oder blau-grün gefärbten Eiter zu erzeugen. Die Pyozyanase stellt ein bakterienauflösendes Enzym dar, das sich in keimfreier, konzentrierter Lösung gewinnen läßt. Wie Prof. Emmerich im Verein mit Prof. Löw in jahrelang fortgesetzten Untersuchungen feststellen konnte, löst die Pyozyanase außer den Diphtheriebazillen auch die Bazillen der Cholera, des Typhus, der Pest, des Milzbrands sowie verschiedene Eiterkokken auf, und zwar große Mengen dieser Bakterien in ganz kurzer Zeit. Zwei hervorragende Kinderärzte, Prof. Escherich in Wien und Prof. Pfaundler in München, haben zusammen mit ihren Assistenten die Heil- und Schutzwirkung der Pyozyanase in großem Umfange geprüft und erprobt. Prof. Emmerich selbst hat sich von der auffallenden Wirkung des Mittels im Reagenzglase und an der Hand des Tierexperiments überzeugt. Es hat sich u. a. gezeigt, daß man mit Diphtheriegift vergiftete Meerschweinchen durch Pyozyanase-Einspritzungen retten kann. Durch die Pyozyanase wird ein chemischer Stoff in den Körper eingeführt, der sich mit dem Diphtheriegift zu einer ungiftigen Verbindung vereinigt. Auch die schweren Fälle von „septischer" Diphtherie, deren bösartiger Charakter durch das Hinzutreten von Eiterkeimen bedingt ist, und die durch das sonst so wirksame Heilserum vielfach gar nicht mehr zu beeinflussen sind, werden durch die Pyozyanase-Behandlung rasch der Todesgefahr entrückt und ebenso glatt geheilt wie die einfache, unkomplizierte Rachendiphtherie. Das Mittel wird, wie bereits erwähnt, vom Munde aus mittels eines Zerstäubers eingeblasen — was allerdings bei Kindern mitunter seine Schwierigkeiten hat. Voraussetzung ist, daß die Einstäubungen oft genug und in ausreichender Menge fortgeführt werden. Die Berichte aus der Escherichschen Universitäts-Kinderklinik in Wien lauten in der Tat glänzend; das Allgemeinbefinden der Kinder hob sich in kurzer Zeit und war schon am zweiten Tage ein recht günstiges, und die Beläge im Halse schmolzen rasch ab. Gefordert wird allerdings, daß die Pyozyanase stets neben dem Heilserum Anwendung findet.

Ein Ehedrama auf der Straße hat sich heute nacht in Weißensee abgespielt. Nach einem Streit schoß die Ehefrau des Tischlers Schulz aus der Langhansstraße auf ihren Mann und verletzte ihn schwer durch mehrere Schüsse. Sch. hatte vor etwa vier Jahren geheiratet; das eheliche Leben war ein sehr trübes; Zank und Streit waren an der Tagesordnung. Die Frau klagte, daß ihr Mann trinke und die eheliche Treue nicht halte, während Schulz seinerseits die Frau mit Eifersuchtsszenen peinigte. So kam es, daß die Eheleute sich trennten. Schulz versuchte nun mehrfach, sich seiner Frau wieder zu nähern. Als alle Bemühungen fehlschlugen, ging er mit dem Gedanken herum, seine Frau und sich zu erschießen. Die geängstigte Frau kaufte sich nun einen Revolver, um für alle Fälle gesichert zu sein. Gestern lauerte Schulz in der Langhansstraße seiner Frau auf. Als er auf sie zutrat, zog sie den Revolver und drohte zu schießen, wenn er sie nicht unbehelligt lassen würde. Er ging aber auf sie zu, und im selben Augenblick krachte ein Schuß; blutüberströmt sank der Getroffene zu Boden. In lebensgefährlichem Zustande wurde S. ins Krankenhaus gebracht. Frau Schulz wurde nach Feststellung des Tatbestandes vorläufig auf freiem Fuß belassen.

gt. **Die Versteigerung von Miniaturen aus den Königlichen Museen** bei Lepke, über deren Vorgeschichte und erste Ergebnisse wir eingehend berichteten, wurde heute mittag beschlossen. Entsprechend dem geringeren Werte der zur Versteigerung gelangenden Gegenstände im Vergleich zu denen der beiden Vortage hielt sich auch die Stimmung des Publikums, unter dem diesmal die Berliner Interessenten vorherrschten, in friedlicheren Grenzen. Diesem Umstande ist es offensichtlich zuzuschreiben, daß teilweise Preise erzielt wurden, die dem wahren Werte der betreffenden Miniatur nicht gerecht wurden. Den höchsten Preis, nur 250 M., brachte ein auf Kupfer gemaltes Brustbild eines jungen Mannes aus dem 17. Jahrhundert; das Bildnis eines jungen Edelmannes, nach Art des Willem Honthorst gemalt, brachte 210 M.; eine Allegorie auf König August den Starken, auf Elfenbein gemalt, ging für 185 M. nach Dresden. Ein im Watteaustil gehaltenes Gruppenbild aus dem 18. Jahrhundert, eine musizierende Gesellschaft darstellend, erzielte 105 M. Zu erwähnen sind noch zwei Mädchenbildnisse aus dem 16. bzw. 17. Jahrhundert von außerordentlicher Zartheit und Anmut, die zu dem niedrigen Preise von 180 bzw. 100 M. fortgingen.

Die Kommission für die einheitliche Gestaltung Groß-Berlins, die von der Berliner Architektenwelt angeregt worden ist, hat heute mittag im hiesigen Rathause unter Vorsitz des Oberbürgermeisters Kirschner getagt. Außer den von uns bereits genannten Mitgliedern des Berliner Magistrats nahmen an der Sitzung teil die Vertreter der vier Nachbarstädte: Charlottenburg, Schöneberg, Wilmersdorf und Rixdorf und die Vertreter der Kreise Nieder-Barnim und Teltow. Graf von Roedern, der Landrat von Nieder-Barnim, war persönlich erschienen, während der Landrat des Teltower Kreises einen Beamten abgeordnet hatte. Von den Vertretern der fremden Gemeinden und der Kreise wurde dem Vorgehen Berlins in dieser Frage einmütig Beifall gezollt und mit Dank anerkannt, daß die Reichshauptstadt sich entschlossen habe, in dieser Sache die Führung zu übernehmen. Ebenso einmütig wurde Berlin die weitere Unterstützung der Gemeinden und der beiden Kreise zugesagt. Zunächst ist für die Einleitung der Vorarbeiten eine besondere Kommission ernannt worden. Später soll ein aus Delegierten aller Nachbargemeinden gebildeter Ausschuß die Angelegenheit weiter betreiben, und in diese Körperschaft sollen die Architekten-Vereine eigene Vertreter entsenden. Für jetzt handelt es sich nur darum, daß die Gemeinden bereit sind, die Kosten für das Material aufzubringen, auf Grund dessen die näheren Pläne und Entwürfe für ein einheitliches und künstlerisch durchgebildetes Groß-Berlin ausgearbeitet werden können. Diese Kosten sind, wie wir bereits mitteilten, auf 165,000 M. veranschlagt und sollen auf die verschiedenen Ortschaften und die Kreise verteilt werden. Besondere Beachtung fand das große Interesse, das Graf von Roedern im Verlaufe der heutigen Beratung für die Sache persönlich an den Tag legte.

Zu dem folgenschweren Automobilunglück im Grunewald, worüber wir im gestrigen Abendblatt ausführlich berichteten, wird uns noch folgendes mitgeteilt: Der Chauffeur Stemler, der den Wagen des Dr. Jansen führte, behauptet, keine Schuld an dem Unfall zu tragen, weil in dem kritischen Moment die Steuerung versagt habe. Die sofort eingeleitete Untersuchung dürfte in diesem Punkte Klarheit schaffen. Die Leiche des Gastwirts Schulz, der bei der Katastrophe den Tod fand, ist heute zur Beerdigung freigegeben worden. Seine Frau und Tochter, die ebenfalls bei dem Unfall beteiligt waren, sind ziemlich wiederhergestellt, dagegen liegt der Friseur Suckrow, der einen Schädelbruch erlitten hatte, noch schwer danieder. Ob er mit dem Leben davonkommen wird, läßt sich zurzeit nicht sagen.

Theater und Musik.

Im Königlichen Opernhause findet morgen (Freitag) das III. Sinfonie-Konzert der Königlichen Kapelle unter Leitung des Kapellmeisters Leo Blech statt.

Im Königlichen Schauspielhause gelangt morgen (Freitag) Shakespeares „König Heinrich der Vierte" (erster Teil) zur Aufführung. König Heinrich: Herr Kraußneck; Prinz Heinz: Herr Staegemann; Graf von Northumberland: Herr Molenar; Heinrich Percy: Herr Matkowsky; Sir John Falstaff: Herr Pohl; Lady Percy: Frl. Lindner; Frau Hurtig: Frau Schramm; Erster Kärrner: Herr Vollmer.

Sophie Crüvelli, eine Rivalin der Malibran und der Grisi, ist, wie uns ein Telegramm unseres Pariser u-Korrespondenten meldet, gestern 81 Jahre alt, in Nizza gestorben. Die Crüvelli, eine durch ihre Schönheit berühmte Sängerin, war Mitglied der Pariser Großen Oper, bis sie in den fünfziger Jahren des vorigen Jahrhunderts Vigier heiratete. Sie lebte dann in Paris und Nizza. Sie hinterläßt ihr Vermögen ihrem einzigen Sohne. In ihrem Nachlasse finden sich interessante Briefe fürstlicher Persönlichkeiten und der größten Musiker ihrer Zeit.

Max Kretzers Schauspiel „Leo Lasso", über dessen durchschlagenden Erfolg gelegentlich der Uraufführung in Stettin wir bereits kurz berichtet haben, hat auch die einstimmige Anerkennung der dortigen Presse gefunden. So schreiben u. a. die Stettiner Neuesten Nachrichten: „Man darf „Leo Lasso" wohl als das reifste der bisher von Kretzer geschaffenen Bühnenwerke be-

Das Omen

Wie es oft ist, wenn eindeutige Beweise fehlen, die notwendig sind, um Klarheit zu schaffen, ist man auf Indizien angewiesen, derer es auch mehrere geben könnte. Hier kommt es ganz zwangsläufig auch zu Mutmaßungen, durch die sich gewisse Zusammenhänge erklären lassen könnten. Diesbezüglich gibt es noch einen weiteren Gedankengang, der vermuten lässt, dass möglicherweise bereits unmittelbar nach der Eheschließung der Grundstein in Wandas Unterbewusstsein gelegt wurde, für die Bereitschaft, eine derartige Bluttat in Betracht zu ziehen und schlimmstenfalls dann auch zu planen.

Zum einen könnte es ein Schlag für sie gewesen sein zu sehen, wie die Heiratsannonce aufgesetzt war, ihrer und der Name ihres Mannes entzweit und weit voneinander entfernt platziert. (Die Heiratsannonce *Berliner Zeitung auf Seite 40* habe ich bearbeitet und zusammengefügt.)

Die tatsächliche Entzweiung der Annonce war vielleicht der damaligen Drucktechnik geschuldet, erscheint mir jedoch rückblickend vermeidbar gewesen zu sein, besonders weil ich diverse Heiratsanzeigen aus der Zeitspanne unter der Rubrik *Hof und Gesellschaft* gesehen habe, unter denen keine einzige auseinandergerissen abgebildet war. Vielleicht entstand damals, als Wanda die beiden Namen entzweit sehen musste, bereits das erste unsichere Gefühl, sodass ihr der Gedanke an ein böses Omen und Zweifel gekommen sein könnten. Eine Ehetragödie mit Schusswaffe, die direkt neben ihrer Heiratsannonce bekanntgegeben wurde, könnte dieses ungute Gefühl möglicherweise noch verstärkt haben.

In der ersten Zeit war der Aberglaube zunächst nur fiktiv, da sie zunächst noch glücklich war mit ihrem Ehemann. Das böse Omen war verdrängt durch das vorherrschende Glück.
Doch als dann nach Einkehren des Alltags auf einmal die unschönen Geschehnisse passierten, dass ihr Mann keine Zeit mehr für sie hatte, nicht für sie da war, wie sie es wünschte, und es zu ständigen Disputen kam, da mag ihr dann diese Annonce und die Ehetragödie wieder in den Sinn gekommen sein und ihre Unsicherheit wuchs. Sie mag gedacht haben: Damals war es schon genauso. Mein Mann und ich, wir standen gar nicht zusammen, er unten, ich oben, weil wir wohl auch nicht zusammengehören.

Die Entwicklung ihrer Ehe mag sie an dieses doppelte schlechte Omen erinnert haben, so dass die Unsicherheit in ihr wuchs, dass sie den richtigen Schritt mit der Heirat getan hatte. Das gleichgültige Verhalten ihres Gatten hat ihr möglicherweise die Überzeugung leicht gemacht, dass es nicht so war. Sie empfand sich, weil sie sich nicht geliebt fühlte, wahrscheinlich auch angefeindet von ihrem Mann. In dieser Situation lag es nahe, auch an die Geschichte *der* Ehetragödie in Berlin, die direkt neben ihrer und Udos Heiratsannonce dokumentiert war, zu denken, bei der die Ehefrau sich aus Angst vor ihrem Mann einen Revolver gekauft hatte und auf ihn schoss, als sie sich von ihm bedroht fühlte.
Möglicherweise dachte Wanda bald, dass sie selbst auch in Gefahr sei und kaufte sich deshalb die Tatwaffe als Sicherheit. Sie selbst wollte nicht so hilflos enden und hatte wenigstens für alle Fälle schon einmal die Waffe verfügbar, genauso wie die Frau in Berlin.

Wanda merkte, dass sie nur auf sich selber angewiesen war und sich selbst schützen musste. Es gab keine Vertrauensperson vor Ort, zu der sie hätte gehen können, sodass ihr als einzige Lösung, um sich zu schützen, der Kauf einer Schusswaffe erschien.
In diesem Fall wäre es ein eindeutiges Indiz dafür, dass sie sich mit der Waffe verteidigen und schützen wollte.

Am Unglückstag schoss Adrenalin in ihr Blut. Durch die Handgreiflichkeiten fühlte sie sich bedroht. Unter hoher innerer Anspannung und Angst löste sie final die Schüsse aus, von denen einer tödlich war.

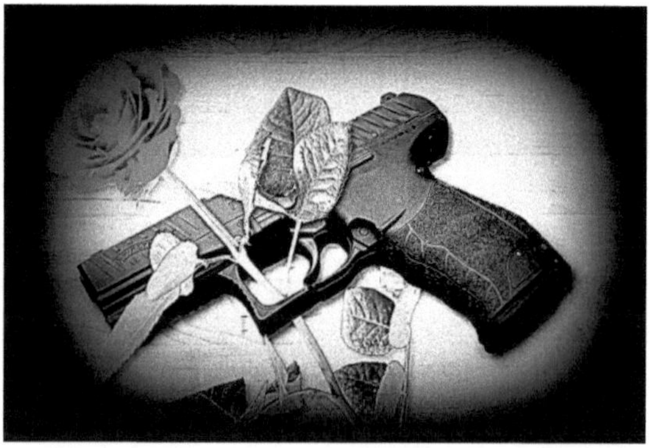

Es folgen 2 Ausschnitte aus der Berliner Zeitung, denen die vorgenannten Umstände und die Berliner Familientragödie zur Zeit der Hochzeit von Udo und Wanda zu entnehmen sind. Die Berliner Familientragödie ist folgend zudem aus dem Zeitungsoriginal in altdeutscher Schrift übersetzt wiedergegeben.

Hof und Gesellschaft.

Die Kaiserin empfing heute vormittag im Königlichen Schlosse den Besuch des Kronprinzen von Schweden, der, wie an anderer Stelle berichtet, auch der Rekrutenvereidigung beiwohnte.

•

Der Herzog von Sachsen-Altenburg ist, wie man uns aus Hummelshain telegraphiert, an Kehlkopf- und Bronchialkatarrh erkrankt. Das heute ausgegebene Bulletin lautet: „Der Katarrh ist nicht erheblich verändert, doch eher etwas gebessert. Kein Fieber, Allgemeinbefinden, Schlaf und Appetit sind befriedigend. Dr. Thiele."

•

Verlobt haben sich: Fräulein Charlotte Barella mit dem Bankbeamten und Leutnant der Ref. im Feld-Art.-Regt. Nr. 56 Georg Walter in Berlin; Freiin Anna Luise von der Goltz in Berlin mit Dr. med. Artur Muthmann in Nassau a. d. Lahn. — Ihre Vermählung geben bekannt: Udo Freiherr von Rüxleben und

Rachendiphtherie. Das Mittel wird, wie bereits erwähnt, vom Munde aus mittels eines Zerstäubers eingeblasen — was allerdings bei Kindern mitunter seine Schwierigkeiten hat. Voraussetzung ist, daß die Einstäubungen oft genug und in ausreichender Menge fortgeführt werden. Die Berichte aus der Escherichschen Universitäts-Kinderklinik in Wien lauten in der Tat glänzend; das Allgemeinbefinden der Kinder hob sich in kurzer Zeit und war schon am zweiten Tage ein recht günstiges, und die Beläge im Halse schmolzen rasch ab. Gefordert wird allerdings, daß die Pyozyanase stets neben dem Heilserum Anwendung findet.

•

Ein Ehedrama auf der Straße hat sich heute nacht in Weißensee abgespielt. Nach einem Streit schoß die Ehefrau des Tischlers Schulz aus der Langhansstraße auf ihren Mann und verletzte ihn schwer durch mehrere Schüsse. Sch. hatte vor etwa vier Jahren geheiratet; das eheliche Leben war ein sehr trübes; Zank und Streit waren an der Tagesordnung. Die Frau klagte, daß ihr Mann trinke und die eheliche Treue

Hof und Gesellschaft 1. Spalte unten links, Absatz III: Heiratsannonce des Paares Rüxleben, Nennung, Udo v. Rüxleben letzte Zeile – neben dem Ehedrama, Spalte 2. (Vgl. auch Berliner Zeitung vom 07. Nov. 1907, S. 137)

Frau Wanda, geb. von Strombeck, in Berlin; Landrichter Dr. jur. Fritz Kaul und Frau Else, geb. Richter, in Bochum. — Die Geburt einer Tochter zeigen an: Hans von Wartenberg-Gleißen und Frau Edelgard, geb. von Möllendorff, in Gleißen. — Gestorben ist: Frau Olly von Poncet, geb. von Bescherer, in Dirschel, Ober-Schlesien.

Aus der Reichshauptstadt

v. Sp. **Die Vereidigung der Rekruten.** In Gegenwart des Kaisers und des Kronprinzen von Schweden, der gestern abend von Rügen kommend auf dem Anhalter Bahnhof in feierlicher Weise empfangen wurde, fand heute vormittag im Lustgarten die feierliche Eidesleistung der in diesem Herbst eingestellten Rekruten der Berliner, Charlottenburger, Schöneberger, Span-

nicht halte, während Schulz seinerseits die Frau mit Eifersuchtsszenen peinigte. So kam es, daß die Eheleute sich trennten. Schulz versuchte nun mehrfach, sich seiner Frau wieder zu nähern. Als alle Bemühungen fehlschlugen, ging er mit dem Gedanken herum, seine Frau und sich zu erschießen. Die geängstigte Frau kaufte sich nun einen Revolver, um für alle Fälle gesichert zu sein. Gestern lauerte Schulz in der Langhansstraße seiner Frau auf. Als er auf sie zutrat, zog sie den Revolver und drohte zu schießen, wenn er sie nicht unbehelligt lassen würde. Er ging aber auf sie zu, und im selben Augenblick krachte ein Schuß; blutüberströmt sank der Getroffene zu Boden. In lebensgefährlichem Zustande wurde S. ins Krankenhaus gebracht. Frau Schulz wurde nach Feststellung des Tatbestandes vorläufig auf freiem Fuß belassen.

gt. **Die Versteigerung von Miniaturen aus den Königlichen Museen** bei Lepke, über deren Vorgeschichte und erste Ergebnisse wir eingehend berichteten, wurde heute mittag beschlossen.

2. Spalte oben (oben links), Absatz I, Satz 1: Fortsetzung der Heiratsannonce des Paares von Rüxleben, Nennung Wanda von Rüxleben, geb. v. Strombeck; rechts daneben in Spalte 3 (oben rechts) die Fortsetzung des Ehedramas mit Pistolenschüssen. Nächste Seite: Übersetzung d. Ehedramas.

Ein Ehedrama auf der Straße hat sich heute Nacht in Weißensee abgespielt. Nach einem Streit schoss die Ehefrau des Tischlers Schulz aus der Langhansstraße auf ihren Mann und verletzte ihn schwer durch mehrere Schüsse. Schulz hatte vor etwa 4 Jahren geheiratet; das eheliche Leben war ein sehr trübes; Zank und Streit waren an der Tagesordnung. Die Frau sagte, dass ihr Mann trinke und die eheliche Treue nicht halte, während Schulz seinerseits seine Frau mit Eifersuchtsszenen peinigte. So kam es, dass die Eheleute sich trennten.
Schulz versuchte nun mehrfach, sich seiner Frau wieder zu nähern. Als alle Bemühungen fehlschlugen, ging er mit dem Gedanken herum, seine Frau und sich zu erschießen. Die geängstigte Frau kaufte sich nun einen Revolver, um für alle Fälle gesichert zu sein. Gestern lauerte Schulz in der Langhansstraße seiner Frau auf. Als er auf sie zutrat, zog sie den Revolver und drohte zu schießen, wenn er sie nicht unbehelligt lassen würde. Er ging aber auf sie zu, und im selben Augenblick krachte ein Schuss. Blutüberströmt sank der Getroffene zu Boden. In lebensgefährlichem Zustand wurde Schulz ins Krankenhaus gebracht. Frau Schulz wurde nach Feststellung des Tatbestandes vorläufig auf freiem Fuß belassen.

Wie dieses verhängnisvolle Ehedrama endete und ob der Ehemann seinen lebensgefährlichen Zustand überlebte, ist mir nicht bekannt, da ich die Zeitungsberichterstattung von damals nicht weiter kenne. Vorstellbar wäre jedoch, dass Wanda damals davon erfahren haben könnte, mindestens aber die Bluttat mitbekommen hat, durch Freunde und Bekannte in Berlin und durch den Artikel in der Zeitung, direkt neben ihrer eigenen Heiratsannonce.

Warum stirbt eine Liebe?

Der Baron und seine Ehefrau waren mental völlig gegensätzlich. Beide hatten eine andersartige Erziehung genossen. Der westfälische Adel stellte sich anders dar, als der Berliner Adel oder gar der polnische Adel, nach dessen Lebensart und Regeln Wanda erzogen wurde und die sie bevorzugte. Die westfälisch-adeligen protokollarischen Grundregeln waren streng und in Traditionen stur erstarrt.

Die Erwartungshaltungen der Ehepartner passten nicht zusammen, weil sie unterschiedlichster Art waren. Man möge meinen, beide hätten sich gegenseitig entgegenkommen sollen, sowie Wanda mehrfach das Gespräch mit dem Baron gesucht hatte.

Udo hatte seinen adeligen Status, der beim westfälischen Adel seit Generationen fest fundamentiert war, zu erhalten und zu verteidigen. Dies war ein eisernes adeliges Gesetz. Dazu war es hilfreich, wenn nicht sogar Voraussetzung, mit seinen Adelsfreunden mitzuziehen. Von offenbar diesem starken Gefühl der Verpflichtung und Tradition durchdrungen, ging er nicht ***den*** entscheidenden Schritt auf seine Frau zu. Durch diese Überlieferungen sah er sich offenbar auch nicht dazu in der Lage, auf Wanda einzugehen. Seine Freunde ließen ihre Ehefrauen auch allein, und es wurde von diesen ohne Klagen mitgetragen. Wie es zu dieser Zeit üblich war, mussten die Frauen ihren Männern nach der Heirat gehorchen. Deshalb hatten sie nicht, wie Wanda bereits innerlich, rebelliert. Das war in dieser Region unüblich, und sie waren ohne Kommentar folgsam.

Wanda hingegen hatte in den Großstädten Düsseldorf und Berlin schon anderes kennengelernt, als sie noch ungebunden war und es ihr als Komtess erlaubt war, sich an den Genüssen des Lebens zu erfreuen. Dadurch war ihre Erwartung ihrem Ehemann gegenüber weitreichender und bestimmter, was Udo scheinbar nicht erkannte, sodass ihre Liebe unerfüllt blieb.

Es wäre jedoch falsch, nur Udo von Rüxleben Egoismus vorzuwerfen, wenn man bedenkt, dass auch Wanda mit der Durchsetzung ihrer Erwartungshaltungen zum Egoismus erheblich beigetragen hat.

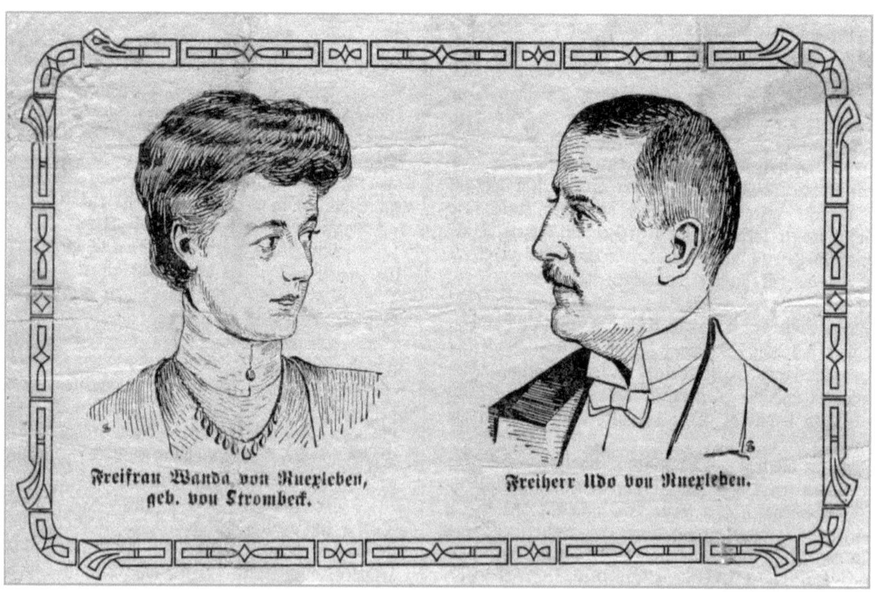

Wanda und Udo von Rüxleben, um 1908 – Foto Lüner Zeitung

Zeugen

Die Wiedergabe der *Wahrheit* fiel entsprechend der unterschiedlichen Bewertungen von verschiedenen Zeugen, je nach Sympathieermessen beschrieben, – die einen waren pro Wanda und die anderen pro Udo – , abweichend aus. Denn: Jeder erfährt und beurteilt die Dinge übereinstimmend mit seiner eigenen Erfahrung, seinem Wahrnehmungsvermögen, seinem persönlichen Verständnis und seiner Äußerungskraft. Diesbezüglich wurden der Baron und die Baronin von ihnen individuell gesehen und bewertet.

Die Fakten, die die damals anwesenden Zeugen auf diese Weise darboten, mehrfach auch durch Dokumentationen unterlegt, verbanden sich am Ende zu einem ausführlichen Ganzen.

Abbildung links: Die erste Hälfte des 20. Jahrhunderts war die ganz große Zeit der Pressezeichner, die mit Bleistift, Zeichenkohle und Skizzenblock ihr Werk vollbrachten. Auf diese Weise entstand auch für die Lüner Zeitung eine zeichnerische Abbildung von Udo und Wanda von Rüxleben, geb. von Strombeck.

Es war einmal...

...in Buddenburg
und
um Buddenburg herum:

Waldarbeiter hinter Schloss Buddenburg (hier Orangerie)

Kirchlich gehörten die Buddenburger Frydags zur Pfarrkirche in Brechten. Darüber hinaus pflegten sie bedeutende Beziehungen zu der Stadtkirche St. Georg in Lünen (eingezeichnet unten im Bild). Auch der eigene Kirchensitz und Begräbnisplatz derer von Frydag in der Stadtkirche St. Georg ging auf Udo von Rüxleben über.

Alter Markt Lünen, 19. Jahrhundert

Mühle bei Schloß Buddenburg
Lippholthausen
Restaurant
u.
Gartenwirtschaft
ZUM LÜNER BRUNNEN
Schloß Buddenburg

Lünen, Stadthaus und Herz-Jesukirche

Schloss Schwansbell, vormals ebenfalls im Besitz der Familie von Frydag zu Buddenburg

GRUSS AUS LÜNEN
STADTHAUS
BERUFS-SCHULEN
HAUPTBAHNHOF
ALTER MARKT MIT LANGESTR.
SCHLOSS SCHWANSBELL
SCHLOSS KAPPENBERG
SCHLOSS BUDDENBURG

Kaiser's Kaffee-Geschäft
Lünen, Langestraße

Gruß aus Lünen
Schloß Buddenburg
Bahnhofsgebäude
Schloß Schwansbell
Zeche Viktoria
Schloß Cappenberg
Progymnasium
Amtsgericht
Cappenberg
Markt mit Rathaus

Rathaus
Stadtpark
Gruß aus Lünen i. W.

Altlünen (Westf.) Cappenberger-See-Freibad

Grußkarte mit Lüner Impressionen und Schloss Buddenburg

Stadtbad und Marienkirche, 4628 Lünen; Jakob Krapohl-Verlag

Während der Existenz dieser Zeitzeugnis-Impressionen aus Lünen bestand Schloss Buddenburg, ehemals Dortmund zugehörig, noch an seinem Platz an der Lippe in Lippholthausen, mittlerweile als ein Teil der Stadt Lünen, bis zu seinem Abriss 1977.

Markt Lünen 1899

Partie an der Lippe mit der St. Marien-Kirche

Orangerie Schloss Buddenburg

Die Grußkarte
der Stadt Lünen von 1901
zeigt Schloss Schwansbell.

Schloss Buddenburg
gehörte zu der Zeit noch zu Dortmund

Lippholthausen hatte seinen Weg über den Kur- und Badeort, bis hin zum Industriestandort gemacht. Der hohe Preis der Industrie war, dass durch die Ansiedlung der Eisenbahn und die Anlage des Kanals die Gegend um Schloss Buddenburg ihren unschuldigen, romantischen Charakter verlor. Schrittweise entstehende Industriewerke gaben den einst so malerischen Lippewiesen nicht nur ein komprimiertes Äußeres, sondern belasteten seither auch den Fluss. Daraus entstehende Umstände führten zeitweilig zu nachteiligen finanziellen Folgen für die Besitzer der Buddenburg. Dokumentiert ist, dass diese jedoch bei Udo von Rüxleben zur Zeit seines gewaltsamen Todes nicht mehr vorgelegen haben.

Flussfahrt mit dem Schiff *Lünen* auf der Lippe; Schloss Buddenburg im Hintergrund der Bäume an der Lippe

Buddenburger Schlossmühle, Lünen

Die Stadt Lünen war stolz auf das Schloss Buddenburg, und die Menschen schickten damals unzählige Postkarten von Schloss Buddenburg in die Welt hinaus.

Gruß vom Forsthaus Kremping und Schloss Buddenburg
bei Lünen an der Lippe, Postkarte gelaufen 1903

Gruß aus Lünen an der Lippe mit Schloss Buddenburg,
Postkarte gelaufen 1902

Quellenangaben

„Chronik der Stadt Lünen“, von Georg Spormecker

„Rühenbecks Chronik und Erzählungen“

Archiv der Stadt Lünen

Heiratsurkunde vom 05.11.1917 für
Udo von Rüxleben/Wanda von Strombeck;
Archivsignatur P Rep.570, Nr. 118 Urk.-Nr. 534
Genehmigung vom Landesarchiv Berlin

Chronik „Lippholthausen und die Buddenburg“;
Manfred Semrau

Dr. Wingolf Lehnemann; Pädagoge, Archivar,
Museumsleiter der Stadt Lünen

Westfälische Rundschau Lünen

Ruhr-Nachrichten Lünen

Dortmunder Zeitung *Tremonia* 03. Mai 1908

General-Anzeiger Dortmund, Mai 1908

Institut für Zeitungsforschung Dortmund

„Schloß Hamborn“; Verlag Christoph Möllmann

„Hamborn im Wandel der Zeiten“
Kindheitserinnerungen der Christa von der Milwe,
geb. von Rüxleben; Barbara Lehmann

„Dortmunder Lesebuch“ – Hrsg: Geschichtswerkstatt
Dortmund, Tapir Verlag

Dr. Dr. Dr. Josef Konrad Lappe (*1879 - †1944), Studienrat, Historiker, Kommunalpolitiker in Lünen

Erika und Paul-Gerhard Rühenbeck, *Republik* Lippholthausen

Biographie der Christa von der Milwe geb. Rüxleben 1908-1998. Brigitta Stenhorst geb. Freiin von der Recke Uentrop

Schloss Buddenburg; Mikropedia Creative Commons Lizenz: https://creativecommons.org/licenses/by-sa/4.0/deed.de

Gruss
aus
Lippholthausen
Schloss Buddenburg
Mühle

Danksagung

Ich danke allen Personen, Urkundensammlern und Archivaren, die mich bei den Recherchen für dieses Buch unterstützt haben. In diesem Sinne

dem Stadtarchiv Lünen;

dem Landesarchiv Berlin;

Baeredel, Buchautorin, Dortmund;

Dr. Wingolf Lehnemann, Lünen;

Christoph Möllmann, Verlag Schloss Hamborn;

Fredy Niklowitz; Dipl. Stadtarchivar;

Erika und Paul-Gerhard Rühenbeck, *Republik* Lippholthausen;

Manfred Semrau, Hafenmeister u. Chronist Lünen.

Brigitta Stenhorst geb. Freiin von der Recke Uentrop, Autorin der Biographie der Christa von der Milwe, geb. Rüxleben 1908-1998.

Schloss Buddenburg
Restaurationsanlagen
Lüner Brunnen
Besitzer
LIPPHOLTHAUSEN
GRUSS aus

Inhaltsverzeichnis

Bilderverzeichnis

LÜNEN
GRUSS aus

Weitere Buchempfehlungen:

„Aus der Geschichte von Schloss Hamborn“;
Christoph Möllmann.
Erste Auflage 2009; Verlag Ch. Möllmann
ISBN 978-3-89979-120-4

In diesem Buch wird das Ergebnis von jahrelanger, akribischer Forschungsarbeit spannend dokumentiert. Mit sehr interessanten Details, wichtigen Personen und Fakten, wird die lange Geschichte von Schloss Hamborn dargestellt. Die höchst wissenswerte Baugeschichte der ursprünglichen Ensembles auf dem Schlossberg wird nachgezeichnet. Geschildert werden wichtige, historische Ereignisse und deren Einfluss auf die dort lebenden Menschen. Das Buch fasziniert den Betrachter mit seinen zahlreichen Illustrationen.

Bücher aus der Reihe „UNRUHIGE ZEITEN“:

Band 1
Unruhige Zeiten:
Der lange Weg der Rittersleut`,
in die moderne, neue Zeit.

Band 2
Unruhige Zeiten:
Burg Wilbring - Heimat des Hexenwahns?

Band 3
Unruhige Zeiten:
Die Herren von Frydag zu Buddenburg

Band 4
Unruhige Zeiten:
Der Buddenburg-Mord

Band 5
Unruhige Zeiten:
Tragödie von Niering

Band 6
Unruhige Zeiten:
Die Buddenburger – Zeitzeugnisse

Band 7
Unruhige Zeiten:
Adelslinien – Die Herren von Frydag

Sabine Grimm

www.grimmstory.de

Wir brauchen:
Fakten und Beweise,
das, was die Leute erzählen und
die Wissenschaft.
Ohne all das befinden wir uns in den düsteren Anfängen
der Kenntnis von Geschichte.

Lünen an der Lippe	www.luenen.de
Dortmund	www.dortmund.de
Borchen	www.borchen.de
Verlag Ch. Möllmann	www.chmoellmann.de
Schlossmühle Lippholthausen Mühlenweg 1 44536 Lünen	www.schlossmuehle.info

Tipp:
In der Schlossmühle Lippholthausen
können Paare romantisch getraut werden!

Kontakt:
Mühlenfreunde Lippholthausen e. V.
www.schlossmuehle.info

Tipp:
An jedem zweiten Sonntag im September, am Tag des offenen Denkmals,
kann sowohl die Buddenburger Schlossmühle
als auch Schloss Wilbring besichtigt werden.

Wilbringen 1
45731 Waltrop-Wilbringen.

Museum der Stadt Lünen bei Schloss Schwansbell
Schwansbeller Weg 32
44532 Lünen

Bergmannsmuseum
Bahnstraße 31
44532 Lünen

Bergarbeiter-Wohnmuseum
Rudolfstr. 10
44536 Lünen-Brambauer

Schloss Buddenburg

… in kalter Zeit.

Zur Erinnerung daran,
dass die Flamme der Liebe
nicht durch einen Schuss erlöschen sollte.
Zum Gedenken an:
Udo Frhr. von Rüxleben und Wanda von Rüxleben,
geb. von Strombeck
Lippholthausen, 02. Mai 2012

Sabine Grimm

„Mich lässt der Gedanke
an den Tod
in völliger Ruhe,

denn der Geist
ist ein Wesen
ganz unzerstörbarer Natur.

Er ist
der Sonne ähnlich,

die wohl dem irdischen Auge
unterzugehen scheint,

aber in Wirklichkeit
niemals untergeht,

sondern fortwährend
leuchtet.“

Johann Wolfgang von Goethe

Beim Spaziergang sah ich am ehemaligen Standort von Schloss Buddenburg diese Gesteinsformation, deren Form mich an ein gebrochenes Herz erinnert. Will diese Gesteinsformation vielleicht aussagen, dass über gebrochene Herzen kein Gras wächst?